Petra Bachmann

Die gefährlichsten Orte der Welt

arsEdition

Inhalt

Einleitung

»Leben ist immer lebensgefährlich«, meinte schon der Schriftsteller, Kinderbuchautor und Dichter Erich Kästner. Doch tatsächlich gibt es Orte auf dieser Welt, an denen der Tod leichteres Spiel hat als an anderen. An manchen arbeitet ihm die Natur zu, mit so dramatischen Ereignissen wie Vulkanausbrüchen, Erdbeben oder Hurrikanen. Einige Menschen wollen die Natur bezwingen, indem sie in die Tiefen der Meere tauchen oder auf die höchsten Berge steigen – Herausforderungen, die tödlich enden können.

Doch die Gefahren gehen nicht nur von der Natur aus: Der Mensch selbst hat inzwischen durch sein unbedachtes Verhalten aus vielen Orten Todesfallen gemacht. Giftige Stoffe aus der Industrie verseuchen Wasser, Boden und Luft so stark, dass von Leben dort kaum noch die Rede sein kann. Durch radioaktive Strahlung wurden manche Orte zu Sperrzonen. Und auch so manch gut gemeintes Bauwerk kann sich als Gefahr für wenige oder sogar Millionen Menschen entpuppen.

Dieses Buch stellt dir die risikoreichsten Orte der Welt vor. Zu manchen ist dir zu deinem eigenen Schutz der Zutritt verboten. Andere kannst du dir selbst ansehen, aber sei gewarnt!

Gefahreneinstufung

⚠⚠⚠⚠ Todbringend

⚠⚠⚠ Lebensgefährlich

⚠⚠ Tückisch

⚠ Mit Restrisiko

Gefahren, die von der Natur ausgehen

Gefährlich werden einige Orte auf dieser Welt durch natürliche Gegebenheiten. Dort wo die Erd- kruste aufreißt, kann Magma als heiße Lava aus- treten, es kommt zum Vulkanausbruch. Solche Ereignisse kommen an manchen Orten dieser Welt häufiger vor als an anderen, dort heißt es, die Urkräfte besonders im Auge zu behalten.

Auch das Klima ist an manchen Orten nicht ohne Gefahr für uns Menschen. Große Hitze vertragen wir genauso wenig wie Eiseskälte. Auch ungeheuren Windgeschwindigkeiten können wir wenig entgegensetzen. Einige Menschen zieht es gerade an solche Orte, an denen die Natur besonders lebensfeindlich ist, weil sie sich mit ihr messen wollen, wie zum Beispiel in den höchsten Gipfeln des Himalajas oder der Alpen, tiefen Meereshöhlen oder Tiefseeschluchten.

An einigen Orten konfrontiert die Natur uns Menschen mit unsichtbaren Gefahren, die wir erst wahrnehmen, wenn wir krank werden: Zwar sind viele Viruserkrankungen mittlerweile heilbar, es gibt aber ein paar, gegen deren Erreger wir nichts ausrichten können. Zur falschen Zeit am falschen Ort zu sein, kann tödlich enden.

Yellowstone-Park

Der Yellowstone-Nationalpark, der größtenteils im US-Bundesstaat Wyoming liegt, wurde am 1. März 1872 gegründet: Er ist damit der älteste Nationalpark der Welt. Das Gebiet, Teil des Gebirgszugs Rocky Mountains, war schon vor 11 000 Jahren von verschiedenen Indianerstämmen besiedelt. Die UNESCO erklärte den Park 1978 zum Weltnaturerbe.

Jährlich zieht es Millionen Menschen in die idyllische Landschaft, in der bedrohte Wildtiere wie Bären, Elche, Pumas, Luchse, Wölfe und Bisons frei leben. Doch die Besucher faszinieren auch die unzähligen heißen Quellen, farbenprächtigen Wasserbecken, brodelnden Schlammlöcher und Geysire wie »Old Faithful«. Die Ursache für diese Naturphänomene: ein Supervulkan!

Schlafender Feuerriese

Die Caldera, der Einbruchkrater des Vulkans, misst 40 mal 25 km. Sie ist damit so riesig, dass sie nur vom Satelliten aus zu erkennen ist. Unter ihr liegt eine gigantische Magmakammer. Dort sammelt sich durch Hitze verflüssigtes Gestein, das über einen Hotspot aus dem Erdinneren nach oben steigt.

Hotspot

Geologen bezeichnen eine Schwachstelle in der Erdkruste als Hotspot. Durch sie fräst sich heißes Material aus der Tiefe der Erde nach oben. Gelangt es an die Erdoberfläche, entsteht ein Vulkan. Hotspots bleiben immer an Ort und Stelle, während die Erdplatten sich mehr oder weniger schnell über sie hinwegbewegen.

Längst überfällig?

17 Millionen Jahre alt ist der Yellowstone-Vulkan. Erste Eruptionen gab es schon vor 2,1 Millionen Jahren, und danach war der Feuerriese etwa alle 600 000 Jahre wieder aktiv. So viel Zeit ist auch seit dem letzten Ausbruch vergangen, ein Grund, warum Forscher meinen, es könne bald ein neuer bevorstehen. Tatsächlich ist die Erde im Park in Bewegung: Über der Magmakammer, deren Trichter bis 600 km in die Tiefe reicht, hob sie sich zwischen 2004 und 2006 um 18 cm. Das deutet genauso auf einen Zufluss von Magma hin wie die über 2000 Schwarmbeben, die Anfang 2010 auftraten.

Super-Eruption

Die Lavamassen, die bei früheren Super-Eruptionen austraten, sind heute als Felsformationen im Yellowstone-Nationalpark zu bewundern. Ein vergleichbar massiver Ausbruch des Supervulkans würde das gesamte Leben in einem Umkreis von 250 km auf einen Schlag vernichten. Wegen austretender giftiger Gase wäre der größte Teil der USA unbewohnbar. Eine riesige Aschewolke würde den Himmel weltweit für mehrere Jahre verdunkeln und zu einem vulkanischen Winter führen.

Vulkanischer Winter

Bricht ein Supervulkan aus, kann er seine Asche in so hohe Luftschichten schleudern, dass sie sich wie ein Schleier um den gesamten Erdball legen. Durch die Trübung der Atmosphäre könnten die Sonnenstrahlen nicht mehr mit ihrer ganzen Kraft bis zum Erdboden vordringen – das Weltklima würde sich insgesamt abkühlen. Pflanzen und Tiere könnten sterben und, je nachdem wie lang der vulkanische Winter anhält, auch die Menschheit bedrohen.

Anak Krakatau

Die indonesische Vulkaninsel Anak Krakatau liegt in der Sundastraße zwischen Sumatra und Java. Sie ist noch nicht sehr alt, sondern entstand ab 1927 an einem Ort, an dem sich 44 Jahre zuvor einer der spektakulärsten Vulkanausbrüche des 19. Jh. ereignet hatte: die Explosion des Krakatau von 1883. Sie gilt als eine der schwersten, die auf der Erde aufgezeichnet wurden.

Der Ausbruch sprengte über die Hälfte der alten Vulkaninsel weg und löschte jegliches Leben dort aus. 20 km³ Gestein und Asche wurden bis zu 25 km hoch in die Erdatmosphäre geschleudert. Der Knall der Explosion war in Australien und auf Mauritius zu hören – in mehreren Tausend Kilometern Entfernung!

Tödliche Fluten

Der Einsturz des Vulkankraters löste eine bis zu 40 m hohe Flutwelle aus, die bis zu 10 km ins Landesinnere vordrang. Sie überschwemmte viele Inseln und löschte zusammen mit dem Ascheregen und pyroklastischen

Strömen – das ist eine glühend heiße Lawine aus Gestein, Gas und Asche – 36 000 Menschenleben aus.

Mess-Skala

Wie stark der Ausbruch eines Vulkans ist, wird mit dem Vulkanexplosivitätsindex (VEI) gemessen. Die Skala, die von o bis 8 reicht, berechnet dabei, wie viel vulkanisches Lockergestein, Tephra genannt, ausgestoßen wird und welche Höhe die Eruption erreicht. Der Ausbruch des Krakatau hatte demnach die Stärke 6.

Gefahreneinstufung:
Wer nicht genug Abstand hält,
geht mit diesem Pulverfass hoch!

Unruhiges Kind

Der Anak Krakatau, was »Kind des Krakatau« bedeutet, wuchs durch unterseeische Eruptionen heran. Ab 1930 hat sich das neu geförderte Material zu einer stabilen Insel herausgebildet. Sie ist Teil eines Nationalparks, der von Touristen aus aller Welt besucht und von indonesischen Fischern angelaufen wird. Ruhig geht es dort allerdings nicht zu: Heftige Explosionen gab es zwischen 1959 und 1963, danach sorgten immer wiederkehrende gemäßigte Ausbrüche mit kurzen Lavaströmen für ein Anwachsen des Schichtvulkans auf 400 m über dem Meeresspiegel.

Pazifischer Feuerring

Der Anak Krakatau zählt zum indonesischen Inselarchipel, das Teil des Pazifischen Feuerrings ist. Dieser Vulkangürtel – mit fast der Hälfte aller Vulkane weltweit – umgibt den Pazifischen Ozean und zeigt den Verlauf der Pazifischen Platte an. Am Rand dieser Kontinentalplatte ist der Erdmantel nicht sehr dick. Gerät die Platte in Bewegung, kommt es zu schweren Erdbeben sowie Vulkanausbrüchen, weil Magma austritt.

Die jüngsten Ausbrüche

Ein größerer Ausbruch erfolgte im Oktober 2007, als sich unterhalb des Hauptkraters am Gipfel ein neuer Krater mit einem Durchmesser von 250 m freisprengte. Dabei stieß der Vulkan glühende Lavabomben aus, die in nächster Umgebung, aber auch im Meer landeten. Im Herbst 2011 lösten die indonesischen Behörden die höchste Alarmstufe am Anak Krakatau aus, nachdem es innerhalb von 12 Stunden zu fast 3000 Erdbeben am Vulkan gekommen war. Ein Jahr später überraschte der Vulkan erneut mit einer heftigen Eruption. Wissenschaftler halten ihn für unberechenbar.

Merapi

Im dicht besiedelten Indonesien gibt es eine Vielzahl von aktiven Vulkanen. Die Menschen dort leben relativ gelassen mit ihnen, müssen aber auch immer wieder eine hohe Zahl an Todesopfern beklagen. So kostete der legendäre Ausbruch des Tambora 1815 auf der indonesischen Insel Sumbawa 11 000 Menschen das Leben.

Als ähnlich gefährlich wird der Merapi angesehen, der auf der Insel Java liegt – in seinem Einzugsgebiet und an den fruchtbaren Hängen leben 3 Millionen Menschen. Der Vulkan bricht alle 3–4 Jahre aus: Selbst in »ruhigeren« Zeiten ist die Gegend um den Feuerberg nicht sicher, da glühende Gesteinsbrocken ausgeworfen werden oder giftige Gase austreten.

Unter Beobachtung

Der rund 2910 m hohe Merapi bildet Lavadome aus, die eine Zeit lang anwachsen und dann unter hohem Druck zerbersten. Dabei können bis zu 700 °C heiße Wolken bis zu 10 km hoch aufsteigen und Glutlawinen die Hänge herunterrasen. Um rechtzeitig warnen zu können, zeichnen Messinstrumente am Merapi rund um die Uhr jede Regung des Feuerbergs auf.

Lavadom

Wie einen dicken Pfropfen aus hartem Gestein, der auf dem Vulkanschlot sitzt und ihn verschließt, muss man sich einen Lavadom vorstellen. Meist entsteht er, wenn zähflüssige Lava austritt und dabei fast an Ort und Stelle schnell erkaltet. Unter dieser Kuppe kann sich viel Druck aufbauen, wenn sie nachfließender Lava oder Gasen den Weg versperrt: Dom oder Vulkanflanken können mit enormer Wucht weggesprengt werden.

Gefahreneinstufung:

Eine gewaltige Eruption würde viele Menschen das Leben kosten.

Zeit zu fliehen

Im Herbst 2010 brach der Merapi mehrfach aus. Die Behörden der Sonderregion Yogyakarta, einem Sultanat auf indonesischem Boden, hatten die Evakuierung der Bevölkerung im Umkreis von 10 km, später 15–20 km angeordnet. 280 000 Menschen flohen in Notunterkünfte, rund 350 blieben jedoch in ihren Dörfern. Sie wurden von bis zu 800 °C heißen Glutlawinen überrollt, verbrannten bis zur Unkenntlichkeit oder erstickten unter einer dicken Ascheschicht. Zwei Dutzend Dörfer wurden komplett ausradiert.

Unsichtbares Königreich

Vulkane werden in Indonesien nicht nur als todbringende Zerstörer gesehen. Sie gelten auch als lebenschaffend. Immerhin reichert Vulkanasche die Böden mit so vielen Mineralien an, dass im Jahr drei Reisernten möglich sind. Dies ist auch ein Grund, warum viele Bauern mit ihren Familien an den Hängen des Merapi leben. Die meisten glauben, sie stünden unter dem Schutz des Herrschers eines unsichtbaren Königreichs auf dem Gipfel des Vulkans – wenn sie ihn nicht verärgern. Auch Touristen zieht es auf den Merapi: Auf rund 1700 m Höhe liegen die historischen Tempelanlagen Prambadan und Borobudur. Beide waren schon zeitweise unter Ascheschichten begraben.

Wächter des Vulkans

Ihm wurde nachgesagt, er könne das Verhalten des Vulkans vorhersagen: Mbah Maridjan, vom früheren Sultan von Yogyakarta zum spirituellen Wächter des Merapi ernannt. Mehrfach hatte er Prozessionen geleitet, bei denen der Sultan den Vulkan mit Opfergaben erklimmt, um den Geist des Berges zu besänftigen. Beim Vulkanausbruch am 26. Oktober 2010 kam der 85-jährige Maridjan mit 15 weiteren Menschen ums Leben.

Kamtschatka

Im äußersten Osten Sibiriens liegt die Halbinsel Kamtschatka. In dem 1200 km langen und 450 km breiten Gebiet gibt es über 160 Vulkane, 29 davon gelten als aktiv. Sie liegen so nah beieinander wie nirgendwo sonst auf der Welt. Tagtäglich kommt es zu Vulkanausbrüchen oder Erdbeben, was aber kaum Aufsehen erregt: Die weiten Wald- und Tundraflächen Kamtschatkas sind mit 380 000 Menschen nur spärlich bewohnt.

Das Land entstand an einer Stelle, wo sich seit rund zwei Millionen Jahren die Pazifische Erdplatte und der Bering Block, eine kleinere Erdkrustenplatte, unter die Eurasische Platte schieben. Das beim Abtauchen der Platten geschmolzene Material fördern die Vulkane, wenn der Druck zu hoch wird, als Lava wieder zutage.

Dicht an dicht

Gleich zwölf Schichtvulkane versammelt der sogenannte Kljutschewskoi-Besymjanny-Vulkankomplex auf engstem Raum. Zu ihm zählt die 4750 m hohe Kljutschewskaja Sopka, die als der größte aktive Vulkan Asiens gilt. Bei einem Ausbruch 1994 schleuderte er seine Asche 20 km hoch.

Schichtvulkan

Vulkane können verschiedene Formen haben. Sie erzählen davon, wie der Vulkan entstanden ist. Ein Schichtvulkan, er wird auch als Stratovulkan bezeichnet, ist hoch und kegelförmig. Er baut sich durch abwechselnde Schichten von Lava und lockeren vulkanischen Ascheteilchen auf. Ein Schichtvulkan bricht meist explosiv aus und schleudert Asche, Gas und Gestein sehr weit hinaus.

Gefahreneinstufung:
Zum Glück dünn besiedelt, daher
droht Menschen wenig Gefahr.

Das Tal der Geysire

90 heiße Springquellen haben das nur 6 km lange Tal der Geysire auf Kamtschatka zum größten Geysirfeld in Asien gemacht. Es ist nur mit dem Hubschrauber zu erreichen gewesen: Bis zum 3. Juni 2007 zog es jährlich rund 3000 Touristen zu diesem Naturwunder. Dann verschwand es innerhalb weniger Minuten fast vollständig unter einer Schlammlawine. Sie wurde vermutlich durch ein Erdbeben ausgelöst und begrub fast eine Touristengruppe unter sich.

Bedrohung in Sichtweite

Die meisten Menschen – ca. 180 000 – leben auf Kamtschatka in der Regionshauptstadt Petropawlowsk. Um sie gruppieren sich die Vulkane Awatscha (2741 m) und Korjakski (3456 m), die regelmäßig ausbrechen. Sie schleudern, ebenso wie der aktivste Vulkan auf Kamtschatka, der 1536 m hohe Karymski, durchgehend Asche aus. Weil die Aschesäulen eine Höhe von 6 bis 10 km Höhe erreichen können und für den Flugverkehr gefährliche Teilchen enthalten, wird dieser des Öfteren umgeleitet.

Gefährdet: Forscher und Touristen

Für Vulkanologen ist Kamtschatka ein Paradies: So viele unterschiedliche Vulkantypen in Aktion finden sie sonst nur selten. Ihre Forschungsstätten liegen meist am Fuße der Vulkane, abgeschieden von jeglicher Zivilisation. Die Wissenschaftler versorgen sich selbst und nehmen gelegentlich auch Touristen auf, die als Bergsteiger auf die Feuerberge kraxeln oder per Helikopter anreisen. Forscher und Touristen kommen am häufigsten zu Schaden: Meist wagen sie sich zu nah an die Feuerberge heran und unterschätzen die Gefahren wie Verbrennungen durch Lavabrocken, Atemprobleme durch Gasaustritte oder Ascheregen sowie Verbrühungen an Thermalquellen.

Island

Die größte Vulkaninsel der Welt befindet sich im Nordatlantik: Auf Island gibt es um die 130 Vulkane, viele davon liegen unter Gletschern. Etwa alle zehn Jahre bricht einer davon aus. Denn: Island liegt auf dem Mittelatlantischen Rücken, eine unterseeische Nahtstelle zwischen den Kontinenten Nordamerika und Europa, die im Jahr um etwa 2 cm auseinanderdriften.

Unter Island gibt es zudem eine gigantische Magmablase. Das geschmolzene Gestein drängt dort aus der Tiefe nach oben, wölbt die Erdkruste und führt, wenn der Druck zu groß wird, zum Vulkanausbruch. Einer der verheerendsten war die Eruption der 12 km langen Laki-Spalte 1783, sie führte zum Hungertod vieler Menschen.

Gefährlicher Dunst

Die riesigen Lavaströme des Vulkans Laki rollten in zwei Flussläufen, deren Wasser komplett verdampfte, mehr als 40 km weit und zerstörte mehrere Bauernhöfe. Die ausgestoßenen 120 Millionen Tonnen Kohlen- und Schwefeldioxid sowie giftiges Fluor hüllten als bläulicher Dunst Island und die gesamte Nordhalbkugel ein. Tiere starben, und das Klima veränderte sich, was zu Missernten führte: In Island verhungerten 10 000 Menschen, in Großbritannien 25 000.

Vorsicht, Gletscherläufe!

Eine nicht zu unterschätzende Gefahr beim Ausbruch eines unter Gletschereis liegenden Vulkans sind gewaltige Flutwellen. Durch die Hitze der Lava schmilzt ein Teil der Eiskappe des Vulkans. Das Wasser sammelt sich dann als See unter einer nur noch dünnen Eisschicht an. Wird diese Schicht durchbrochen, ergießt sich der gesamte Inhalt sturzflutartig in die umliegenden Täler.

Lahmgelegt

Am 20. März 2010 brach der Eyjafjallajökull aus. 500 Menschen, die in direkter Nachbarschaft zu diesem Vulkan lebten, verließen das Gebiet. Aus einer 500 m langen Spalte mit 10–12 Kratern schossen bis zu 150 m hohe Lavafontänen empor. In mehreren explosiven Eruptionen wurden riesige Aschewolken ausgestoßen, die im April 2010 den Flugverkehr in Nordwesteuropa ganz oder teilweise zum Erliegen brachten. In Großbritannien wurde Menschen, die Probleme mit der Atmung haben, geraten, besser nicht ins Freie zu gehen.

Schmutzige Gewitter

Bei Vulkanausbrüchen in Island leuchten in den Aschewolken oft Blitze auf und es donnert. Bei der Eruption reiben sich ausgestoßene Aschepartikel an winzigen Steinchen und Eiskörnern. Dabei wird elektrische Spannung erzeugt, die sich in Form von »schmutzigen Gewittern« entlädt, wie Wissenschaftler das Phänomen nennen.

Feuer unterm Eis

Nicht weit vom Eyjafjallajökull liegt mit der Katla einer der aktivsten Vulkane Islands. Er ist Teil eines 100 km langen Vulkansystems, seine 14 mal 10 km^2 große Caldera wird von einem riesigen Gletscherschild bedeckt. Die Katla brach das letzte Mal 1918 aus, regt sich aber oft zusammen mit dem Eyjafjallajökull. Hochexplosiv werden seine Ausbrüche durch das schmelzende Eis: Trifft es auf Magma oder Lava, entsteht schlagartig Wasserdampf, dessen Kraft das glühende Gesteinsmaterial in feinste Teilchen zerreißt, ja fast pulverisiert. Eine solche Eruption zeigt sich an hoch aufsteigenden, riesigen Aschewolken.

Santorin

Ein Augenschmaus ist der Anblick der griechischen Insel Santorin mit ihren wunderschönen, weiß getünchten Häusern. Eigentlich ist sie ein kleines Archipel aus fünf Inseln. Drei von ihnen, darunter die Hauptinsel Thira, liegen ringförmig zueinander: Sie bilden den Rand eines Vulkankraters, der mit Meerwasser gefüllt ist.

Unter Santorin verläuft der Kykladenbogen. In dieser Erdzone, die sich auf 450 km Länge durch das Ägäische Meer zieht, reihen sich mehrere Vulkane aneinander. Dort entlädt sich der Druck, den die Afrikanische Platte ausübt, wenn sie gen Norden wandert und sich dabei unter die Ägäische Platte schiebt.

Die Minoische Eruption

Der Santorin-Vulkan brach etwa 1645 v. Chr. aus und zerriss die ursprüngliche Insel. Es war einer der größten Vulkanausbrüche der Menschheitsgeschichte. Seine Eruptionswolke voller Asche und Bimsstein verdunkelte den Himmel bis in mehrere Hundert Kilometer Entfernung und es gab riesige Flutwellen. Ob dies zum Untergang der minoischen Kultur auf Kreta geführt hat, ist umstritten.

Ausbruchsspuren

Auf Santorin bedeckt weißer Bimsstein noch immer große Teile der Inselgruppe. Die Schicht ist bis zu 50 m hoch. Im gesamten östlichen Mittelmeerraum konnten Asche und Bimsstein nachgewiesen werden, die vom Minoischen Ausbruch stammen. Selbst im Grönlandeis haben Forscher Vulkanasche von Santorin gefunden – ein Beweis für die Heftigkeit des Ausbruchs vor über 3600 Jahren.

Gefahreneinstufung:
Wenn der Vulkan erwacht, heißt
es schleunigst verschwinden.

Lavageborene

Bei kleineren Vulkanausbrüchen entstanden in der Caldera von Santorin zwei Inseln: Palea Kameni bildete sich vor rund 2000 Jahren und lockt heute mit warmen unterseeischen Quellen vor ihrer Küste zahlreiche Touristen an. Auf Nea Kameni, die im 16. Jh. auftauchte und seitdem ständig anwächst, kann man auf 127 m Höhe Schwefeldämpfe aus dem Hauptkrater austreten sehen.

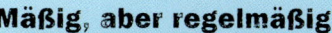

Mäßig, aber regelmäßig

Historisch belegt sind seit dem großen Ausbruch zehn kleinere Eruptionen. Sie ereigneten sich erst im Abstand von 700 Jahren, kamen aber Anfang und Mitte des 20. Jahrhunderts fast alle zehn Jahre vor. Das letzte Mal brachte sich der Vulkan 1950 in Erinnerung. Seither wird er von Wissenschaftlern genauestens überwacht – immerhin kommen täglich etwa 50 000 Touristen, auch mit Kreuzfahrtschiffen, auf die Insel. Ihre Sicherheit soll gewährleistet sein.

Rumpeln in der Tiefe

Seit Januar 2011 regt sich der Vulkan wieder. Nach zahlreichen Schwarmbeben stellten Geologen fest, dass sich Santorin bis zum April 2012 um 8–14 cm gehoben hat. Das ist ein deutliches Anzeichen für den vermehrten Zufluss von frischem Magma:

10–20 Millionen m^3 sollen es sein. Sie sammeln sich in etwa 4 km Tiefe in einer unterirdischen Kammer in Santorins Caldera. Bei einem unterseeischen Ausbruch – die Forscher rechnen in den kommenden Jahren damit – könnten Felsstürze Hotels auf Santorin ins Meer reißen und Tsunamis die Schifffahrt sowie vor der Insel ankernde Kreuzfahrtschiffe bedrohen. Er hätte jedoch nicht die zerstörerische Wirkung wie die Minoische Eruption.

Vesuv

Nur 9 km hinter der süditalienischen Großstadt Neapel erhebt sich der 1281 m hohe Vesuv. Forscher halten ihn für einen der gefährlichsten Vulkane der Welt, der in der Vergangenheit mehrfach gezeigt hat, wie explosiv er sein kann. In seiner Umgebung leben heute über drei Millionen Menschen – sie rechtzeitig in Sicherheit zu bringen, wäre eine Herkulesaufgabe.

Eigentlich ist der Vesuv ein Doppelvulkan: Der jetzige Vulkankegel wuchs seit dem 3. Jh. im eingestürzten Vulkankessel des Monte Somma heran, von dem nur die nördliche Wand erhalten blieb. Das letzte Mal brach der Vesuv 1944 aus und begrub zwei kleinere Städtchen unter seiner Lava. 12 000 Menschen wurden evakuiert, 26 starben.

Mahnmal Pompeji

Eine verheerende plinianische Eruption begrub 79 n. Chr. die römischen Siedlungen Stabiae, Herculaneum und Pompeji unter Glutlawinen und Ascheregen. Insgesamt starben etwa 5000 Menschen. Die zu Stein erstarrten Opfer blieben unter einer meterdicken Ascheschicht erhalten – ebenso wie die Stätten selbst, die zur Fundgrube für Archäologen wurden.

Plinianische Eruption

Sie gehört zu den gewaltigsten Vulkanausbrüchen, da sie außerordentlich explosiv ist und mit enormen Aschefällen sowie pyroklastischen Strömen einhergeht. Benannt ist sie nach Plinius dem Jüngeren. Er sah den Ausbruch des Vesuvs 79 n. Chr. mit eigenen Augen und beschrieb den Ablauf für die Nachwelt. Sein Onkel, der Naturforscher Plinius der Ältere, kam dabei ums Leben.

Schrecklicher Nachbar

Nicht nur der Vesuv steht unter ständiger Beobachtung von Vulkanologen, sondern auch die Phlegräischen Felder, die am westlichen Stadtrand von Neapel beginnen. Es handelt sich dabei um den Kessel eines Supervulkans, der das letzte Mal vor 39 000 Jahren explodierte. 2008 entdeckten Geoforscher unter der Region Neapel in 8 km Tiefe einen riesigen Magma-See. Er speist sowohl die »Campi Flegrei«, was »brennende Felder« bedeutet, als auch den Vesuv. Bekommt das über dem Magma liegende Gestein Risse, etwa durch ein Erdbeben, könnte das Magma nach oben drängen und ganz Süditalien verwüsten.

Im Ernstfall hilflos?

600 000 Menschen leben in der roten Zone im Umkreis von 15 km um den Vulkan, auf erstarrten Lavaströmen. 300 000 Euro bietet ihnen der Staat, wenn sie von dort wegziehen. Kündigen Vulkanologen – möglichst eine Woche vorher – einen Ausbruch an, wird dieser Bereich als erster evakuiert: In Autos, Bussen und auf Schiffen sollen 165 000 Polizisten und Soldaten täglich 80 000 Menschen wegbringen. Vorkehrungen sind für zwei weitere, weniger gefährdete Zonen getroffen – Neapel ist dabei nicht miteinbezogen. Was mit der Stadt und ihren Menschen bei einer Supereruption geschieht – das will sich niemand ausmalen.

Pyroklastische Ströme

Sie gehören zu den größten Schrecken bei einem Vulkanausbruch: pyroklastische Ströme. So eine Glutlawine besteht aus einem Gemisch aus Lava, Asche und Steinen, das bis zu 800 °C heiß sein kann. Sie rast lautlos (!) mit gut 500 km/h auf heißen Dämpfen wie auf einem Luftkissen die Vulkanhänge herunter. Menschen ersticken an der Asche, die in ihrer Lunge hart wie Zement wird – oder sie verbrennen bei lebendigem Leib.

Stromboli

»Leuchtfeuer des Mittelmeers« wird Stromboli genannt, eine nur 12 km² große Insel nördlich von Sizilien. Sie besteht eigentlich nur aus einem Vulkankegel, der 930 m aus dem Meer ragt und vom Meeresgrund aus gemessen 2600 m hoch ist. Seit mehr als 2300 Jahren ist der Stromboli ständig aktiv: Alle paar Minuten oder Stunden kommt es zu kleineren Ausbrüchen. Dabei werden Gesteinsbrocken und Lava hochgeschleudert.

   Normalerweise fällt das Material in einen der drei Krater zurück: Bei größeren Ausbrüchen laufen Lavaflüsse an einer Seite des Vulkans hinunter – glücklicherweise ist es die unbewohnte Westseite, »Sciara del Fuoco« (Feuerrutsche) genannt.

Strombolianische Aktivität

So werden die regelmäßigen Eruptionen eines dauerhaft tätigen Vulkans bezeichnet. Namensgeber ist der Stromboli, der seit der Antike in bestimmten Abständen Lava ausstößt. Ihre Intensität kann gering, aber auch sehr stark sein, je nachdem wie groß die aufsteigenden Gasblasen sind, die an der Oberfläche zerplatzen und dabei Magma mit sich reißen.

Tanz auf dem Vulkan

Rund 500 Menschen leben ständig auf Stromboli, fast alle davon in dem gleichnamigen Ort im Nordosten der Insel, nur etwa 25 im Dorf Ginostra im Südwesten. Jährlich zieht es Tausende Tagesbesucher auf die Insel, um einmal aus nächster Nähe einen Feuer speienden Vulkan zu erleben. Ein Wanderweg führt auf den Kraterrand – bei den letzten größeren Ausbrüchen von 2003 und 2007 wurde er gesperrt.

Trügerische Sicherheit

Wann und mit welcher Wucht er
ausbricht, bleibt auch bei einem
scheinbar »gutmütigen« Vulkan wie
dem Stromboli unberechenbar:
1930 raste eine 10 m hohe Glutlawine mit 70 km/h nach einem
Ausbruch durch eine Schlucht
und riss drei Menschen mit sich.
Dort wo die Lava ins Meer stürzte,
begann das Wasser im Umkreis
von 20 m zu kochen. 1986 starb
ein Biologe am Rand des Kraters,
er ist das bislang letzte Todes-
opfer. Ihn traf eine vulkanische
Bombe, ein herausgeschleuderter
kochend heißer Lavafetzen.

Atempause

Beim Ausbruch im Jahr
2002 wurde ein Teil des
Vulkankegels durch einen
ungewöhnlich starken
Lavafluss ab- und ins Meer
gerissen. Die Flutwelle, die
entstand, zerstörte einen
Teil des Ortes Stromboli.
Im März 2007 ereignete
sich ein gewaltiger, sich zunehmend steigernder Ausbruch. Aus
einer Ausbruchsöffnung in 420 m
Seehöhe traten drei Lavaströme
aus. Die regelmäßigen Eruptionen
stoppten, der Stromboli schien
die Luft anzuhalten, rauchte und
dampfte nur ein wenig.
Die Gipfelregion
wurde bis August
2007 gesperrt
und erst wieder
freigegeben,
als die Vul-
kanaktivität
sich wieder
normalisierte.

Nicht auf eigene Faust

Der Aufstieg zum Krater des Stromboli darf seit
einigen Jahren nur mit Bergführer unternommen werden. Er verteilt auch Schutzhelme – der
Vulkan wirft oft mit Steinen um sich. Festes
Schuhwerk ist ein Muss für jeden Vulkanpilger!
Oben am Krater wird ein Sicherheitsabstand von
einigen 100 m eingehalten: Auch wenn Lavafontänen wie ein harmloses Feuerwerk wirken, die
glühenden Brocken sind bis zu 1000 °C heiß.

Kalifornien

Zwei Erdplatten teilen Kalifornien in zwei Hälften auf: Die Nordamerikanische Platte und die Pazifische Platte schlittern dort seitlich aneinander vorbei. Die Bruchstelle wird San-Andreas-Verwerfung genannt. Sie zieht sich über 1100 km von Mexiko über Los Angeles bis zum Kap Mendocino nördlich von San Francisco.

Im Jahr verschieben sich diese Erdplatten um 6 cm: Dabei rücken Los Angeles und San Francisco näher zusammen, da Los Angeles mit der Pazifischen Platte nach Norden driftet, San Francisco mit der Nordamerikanischen Platte nach Süden wandert. Teilbereiche der Platten verhaken sich dabei und lösen sich erst nach kurzer oder längerer Zeit wieder mit einem mächtigen Ruck: einem Erdbeben.

Richterskala

Der amerikanische Seismologe Charles Francis Richter entwickelte mit seinem Kollegen Beno Gutenberg ab 1932 ein System zur Bewertung der Erdbebenstärke. Die Idee war, ein und dasselbe Erdbeben an mehreren Stationen zu messen und aus den unterschiedlichen Entfernungen seine Stärke (Magnitude) im Epizentrum zu berechnen. Die Skala ist logarithmisch: Ein Punkt mehr auf der Richterskala bedeutet eine zehnfach stärkere Bewegung der Erde.

Das Große Beben von San Francisco

Das schwere Erdbeben von San Francisco ereignete sich am 18. April 1906. Es soll eine Stärke von 7,9 auf der Richterskala erreicht haben, dauerte 42 Sekunden und legte die Stadt in Trümmer. Feuer brachen aus und riesige Bodenspalten taten sich auf. 3000 Menschen starben, Hunderttausende wurden obdachlos.

Gefahreneinstufung:
Nicht ob, sondern wann das große Beben kommt, ist die Frage.

Spannungsabbau

Das letzte schwere Beben in Südkalifornien mit tödlichen Folgen war das Northridge-Beben im Januar 1994. Es schüttelte und bewegte die Erde in der Nähe von Los Angeles mit einer Stärke von 6,7. Dabei starben 72 Menschen, 9000 wurden verletzt und es entstand ein Milliardenschaden. Fünf Jahre zuvor waren bei einem Erdbeben der Stärke 6,9 in San Francisco 63 Menschen getötet und mehr als 3700 verletzt worden. Die meisten Personen kamen beim Einsturz einer doppelstöckigen Autobahn um.

Warnsignal Mikrobeben

Seit Neuestem untersuchen amerikanische Wissenschaftler winzige unterirdische Erdstöße entlang der San-Andreas-Verwerfung, Mikrobeben, die in 20–40 km Tiefe auftreten. Sie könnten Aufschluss geben, wie die Plattenbewegungen sich vollziehen und das nächste große Beben sich in Südkalifornien aufbaut. Die Forscher rechnen bis 2039 mit dem »Big One«: Die Wahrscheinlichkeit eines Erdbebens mit einer Stärke von über 6,7 oder mehr in den kommenden Jahren liegt bei 99 Prozent. Dabei könnten nach ihrer Einschätzung 1800 Menschen sterben und 53 000 Menschen verletzt werden, die Sachschäden bei über 200 Milliarden Dollar liegen.

Feine Sinne

Kängururatten leben in Erdhöhlen und könnten im erdbebengeplagten Kalifornien in ihren Bauen verschüttet werden. Wie Wissenschaftler festgestellt haben, besitzen die kleinen Nagetiere aber einen besonders feinen Sinn für Erschütterungen. Erste Vorzeichen eines Bebens nehmen sie so wahr und flüchten ins Freie. Sie genau zu beobachten, könnte auch Menschenleben retten helfen.

Chile

Ungefähr 500 Erdbeben im Jahr werden in Chile registriert, einer weiteren »Knautschzone« der Erde. Das schmale südamerikanische Land ist in Nord-Süd-Richtung fast 4300 km lang. Seine engste Stelle zwischen Pazifik und den Anden misst 90 km, die breiteste 440 km. Chile erstreckt sich am Rand der Südamerikanischen Platte, unter die sich vom Meer her unter Wasser die Nazca-Platte schiebt. Diese Erdbewegungen zeigen sich in vielen kleineren, aber auch einigen gewaltigen Erdstößen: Das Erdbeben von Valdivia am 22. Mai 1960 erreichte die Stärke 9,5 auf der Momenten-Magnituden-Skala. Es war das größte jemals aufgezeichnete Erdbeben der Welt.

Großer Umgestalter

Dieses Megathrust-Beben – so werden die schwersten Erdbeben auf der Erde genannt – riss die Erdkruste in Chile auf einer Länge von 1000 km auf, verschob einen Teil der Landschaft um 20 m und senkte die Küste bei Valdivia um 4 m. Das hatte eine 25 m hohe Flutwelle zur Folge, die nicht nur Abschnitte der chilenischen Küste, sondern Strände rund um den Pazifik verwüstete. 1655 Menschen starben.

Momenten-Magnituden-Skala

Mit der Momenten-Magnitude (Mw) wird heute die Stärke der meisten Erdbeben berechnet. Sie orientiert sich dabei an der Bruchstelle am Erdbebenherd und welche Verschiebung sie auslöst. Mit ihr kann eine Stärke bis 10,6 Mw gemessen werden: Werte die darüber hinausgehen, würden – so die Forscher – die gesamte Erdkruste rund um den Globus zerreißen.

Erdachsenruck

Das mit 8,8 Mw sechstschwerste Erdbeben weltweit erschütterte am 27. Februar 2010 die chilenische Region Maule. Vermutlich 700 Menschen kamen ums Leben, Zehntausende erlitten Verletzungen oder wurden obdachlos. Manche Ortschaften versetzte das Beben um 3 m, und selbst auf die Erdachse wirkte sich der Ruck aus: Sie verschob sich um 8 cm! Wie Geophysiker der NASA berechneten, liegt die Erde nun etwas schiefer und dreht sich um 1,26 Millionstel Sekunden schneller. Wir merken das aber nicht, und: Da der Mond die Erde sowieso beständig abbremst, fällt die jeweils zu Neujahr zum Ausgleich dazugegebene Schaltsekunde einfach kürzer aus.

Chaotische Zustände

In der chilenischen Erdbebenregion brach 2010 die Strom- und Wasserversorgung zusammen – viele Krankenhäuser mussten schließen, Supermärkte wurden in vielen Orten geplündert. Da es auch zu Raubüberfällen und Schießereien kam, gründeten sich in manchen Städten Bürgerwehren, um die Einwohner zu verteidigen. Ruhe kehrte erst wieder ein, nachdem die Regierung den Menschen verbot, nachts aus dem Haus zu gehen, 14 000 Soldaten im Notstandsgebiet für Sicherheit sorgten und Hilfsgüter eintrafen.

Beunruhigend

Nach einem großen Erdbeben geben Geologen meist Entwarnung für die betroffene Region, da die über Jahrzehnte aufgebauten Spannungen im Boden sich entladen konnten. Nicht so in Chile: Dort könnte ein weiteres, ähnlich starkes Beben wie das von 2010 anstehen. Grund dafür ist die »Darwin-Kluft«: In diesem Bereich tief im Untergrund haben sich die Spannungen nach Einschätzung der Forscher sogar noch verstärkt.

Großer Afrikanischer Grabenbruch

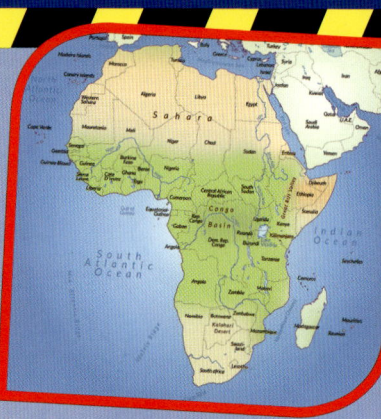

Ein gigantischer Graben von über 9000 km Länge zieht sich vom Libanon bis nach Mosambik: der Große Afrikanische Grabenbruch. Es ist eine Riftzone, an der die Afrikanische und die Arabische Platte um 2 cm im Jahr auseinanderdriften. In ferner Zukunft wird durch diese Bewegung der Nordosten Afrikas vom Rest des Kontinents abgespalten sein.

Wochenlange Erdbeben begleiten die Dehnung und das Zerreißen der Erdkruste in dem Gebiet, große Teile sacken ab und bilden Becken oder Senken, die weit unterm Meeresspiegel liegen. Durch die Risse steigt Magma auf – in den vielen Vulkanen, die sich an dieser geologischen Nahtstelle gebildet haben.

Riesenkreuzung

In der Afar-Senke zwischen Äthiopien, Eritrea und Dschibuti teilt sich der Grabenbruch in zwei neue Arme: Geologen, die dort forschen, müssen stets damit rechnen, dass unvermittelt der Boden vor ihnen aufreißt und bis zu 400 °C heiße Dämpfe aufsteigen. Das Gebiet liegt jetzt schon rund 125 m unter dem Meeresspiegel. Es wird weiter sinken und irgendwann mit Wasser aus dem Roten Meer gefüllt sein.

Riftzone

Wie einen ungeheuer großen Reißverschluss im Erdmantel, der sich langsam öffnet, muss man sich eine Riftzone vorstellen. Durch die enormen Kräfte der Kontinentalplatten, die sich voneinander entfernen, entsteht an Land, aber auch unter Wasser, eine Kluft. Sie wird mit Magma aufgefüllt, die aushärtet. Durch den neuen Boden entfernen sich die Platten immer weiter.

Von wegen schwach!

Erdbebenserien oder -salven sind entlang des Großen Afrikanischen Grabenbruchs an der Tagesordnung. Sie sind meist schwach und richten keine größeren Schäden an. Deshalb versetzte ein Erdbeben der Stärke 7,5 die Menschen im Februar 2006 in Mosambik und Simbabwe umso mehr in Panik. Die Region liegt am Ende des östlichen Arms des Grabenbruchs, über 100 Jahre hatte die Erde dort relativ stillgehalten. Dass sie wieder in Bewegung kommt, zeigte ein weiteres Beben ähnlicher Stärke in Ostafrika nur drei Jahre später.

Tödliche Lavafluten

Entlang des westlichen Arms des Grabenbruchs, zwischen Ruanda, Uganda und dem Kongo, liegen die acht Virunga-Vulkane. Zu ihnen gehört mit dem Nyamuragira einer der aktivsten Vulkane Afrikas. In dem Krater des benachbarten Vulkans Nyiragongo brodelt ein permanenter Lavasee. Die dünnflüssige, 1200 °C heiße Glut schoss am 17. Januar 2002 bei einem Ausbruch die Flanken des fast 3500 m hohen Strato-Vulkans herunter und durch die Großstadt Goma in den Kiwu-See. 147 Menschen starben, 170 000 wurden obdachlos – die Lava erstarrte im Ort zu einem dicken Steinpanzer. Mittlerweile hat sich im Krater ein neuer Lavasee angestaut. Auch er wird sich entleeren, wann, ist unberechenbar.

Tektonischer Horst

Mitten im Grabenbruch zwischen der Demokratischen Republik Kongo und Uganda liegt das bis zu 5109 m hohe Ruwenzori-Gebirge. Es wurde als »Horst« herausgehoben, als sich der Graben rechts und links davon senkte. Bekannt ist das Hochgebirge für seinen Regenwald, der es bis in 4000 m Höhe bedeckt. Normalerweise niedrig wachsende Pflanzen, wie Heidekraut oder Lobelien, sind dort um die 15 m hoch.

Istanbul

Rund 13 Millionen Menschen leben in Istanbul – der einzigen Stadt der Welt, die sowohl auf dem europäischen als auch dem asiatischen Kontinent liegt. Geteilt wird die türkische Metropole – die 2010 Kulturhauptstadt Europas war – durch den Bosporus, eine Meerenge zwischen Mittelmeer und Schwarzem Meer.

Südlich der Stadt verläuft von Anatolien bis zum Marmarameer die Nordanatolische Verwerfung, eine geologische Unruhestifterin. Dort schiebt sich die Anatolische Platte gen Westen an der Eurasischen Platte vorbei, wobei die Erde mehr oder weniger stark erzittert: Istanbul war längere Zeit nicht davon betroffen – das könnte sich jedoch ändern!

Da kommt was

Es scheint, als würde sich ein Beben von Osten her auf Istanbul zubewegen: Zwischen 1939 und 1999 spielten sich heftige Erdstöße in immer größerer Nähe zur Stadt ab. Das letzte schwere Erdbeben mit der Stärke 7,6 auf der Richterskala ereignete sich 1999 bei Izmit, 80 km östlich von Istanbul. Dabei starben 18 000 Menschen, 44 000 wurden verletzt.

Hohes Tsunami-Risiko

Da die Nordanatolische Verwerfung bis ins Marmarameer reicht, sind Unterwasser-Erdrutsche schon bei einem mittelstarken Erdbeben möglich. Dabei wird auf einen Schlag so viel Wasser verdrängt, dass sich ein Tsunami aufbauen kann, dessen Wasserfluten mit Macht ans Land drängen. Die Küstenmetropole Istanbul würde überschwemmt.

Beängstigende Vorhersage

Alle 250 Jahre tritt in Istanbul ein Starkbeben auf, haben Geologen errechnet. Das letzte fand 1766 statt. Die Spannung, die sich beim Aneinandervorbeirutschen der beiden Erdplatten seitdem aufgebaut hat, wird sich vermutlich mit einem Erdbeben der Stärke 7,4 entladen. Sollte dieser Fall eintreten – die Wahrscheinlichkeit dafür in den nächsten Jahren liegt bei 66 Prozent –, rechnen die Experten mit 50 000 Todesopfern, 200 000 bis 300 000 Verletzten und einer halben Million Obdachlosen.

Einstürzende Betonbauten

Kaum ein Gebäude in Istanbul ist erdbebensicher gebaut, bis auf die modernen Bürotürme vielleicht. Viele von ihnen werden in sich zusammenfallen und Menschen unter sich begraben. In manchen Stadtteilen wurden illegal, sehr schnell und mit einfachsten Mitteln Häuser hochge-zogen. Ein Teil von ihnen steht außerdem auf extrem unsicherem Grund: in einem ehemaligen Flussbett. Sie würden selbst einem schwachen Beben nicht standhalten, haben japanische Erdbebenforscher herausgefunden. An den beiden mächtigen Brücken über den Bosporus sind Bewegungssensoren angebracht. Sie sollen schon vor einem Erdbeben Auskunft darüber geben, was diese Bauwerke im Ernstfall aushalten können und müssen.

Weiches Erdgeschoss

Gebäude mit auffallend großen Räumen im Parterre – ein »weiches Erdgeschoss« – stürzen bei einem Erdbeben leichter ein. Für viel freien Raum in den unteren Partien – etwa bei Supermärkten oder auch Parkhäusern – wird auf Zwischenwände zugunsten von dünnen Stützen verzichtet. Schüttelt ein Erdbeben ein solches Gebäude hin und her, knicken die Säulen ein und der Bau mit ihnen.

Death Valley

Das »Tal des Todes« in der Mojave-Wüste der Sierra Nevada, Kalifornien, trägt seinen Namen nicht umsonst: Es ist lebensfeindlich heiß dort, 56,7 °C im Schatten wurden am 10. Juli 1913 erreicht. Es ist die dritthöchste jemals auf der Erde gemessene Lufttemperatur. Am Boden wurde am 15. Juli 1972 sogar die Rekordhitze von 93 °C ermittelt.

Das Death Valley – seit 1994 ein Nationalpark – wird gerne als meteorologische Bratpfanne bezeichnet: Es ist von Gebirgszügen so umstellt, dass der Regen bereits an den Bergen niedergeht. Die Sonnenstrahlen werden weder von Wolken noch Wasserverdunstung blockiert und knallen mit aller Macht auf die Talebene.

Nur schlechtes Wasser

Im Badwater Basin liegt – mit 85,5 m unter dem Meeresspiegel – der tiefste Punkt Nordamerikas. Diese Salzpfanne entstand, als dort vor etwa 3000 Jahren ein bis zu 200 m tiefer See austrocknete. Die Senke wird tatsächlich immer noch von einer kleinen Quelle gespeist. Allerdings macht die bis zu 1,7 m dicke Salzkruste in diesem Becken das Wasser ungenießbar.

Überlebenswichtig

Wer sich im Death Valley draußen aufhält, verliert pro Stunde etwa 2 l Flüssigkeit! Deshalb müssen entsprechende Wassermengen mitgenommen werden. Um keinen Hitzschlag zu bekommen, ist es ebenfalls wichtig, seinen Kopf mit einer Kappe zu schützen. Wer vorhat, länger im »Tal des Todes« zu bleiben, braucht auch genügend Proviant und Benzin für sein – unbedingt geländetaugliches – Auto.

Zu spät

Im Death Valley kommen immer wieder Menschen um, selbst solche, die sich gut vorbereitet haben. So starb im August 2008 ein elfjähriger Junge, der mit seiner Mutter eine Nacht in der Wüste campen wollte. Ihr Wagen blieb in einem Sandloch stecken und ihr Handy hatte keinen Empfang. Die beiden wurden erst nach fünf Tagen von Parkwächtern gefunden, zu spät: Obwohl sie 24 Flaschen Wasser und Notproviant dabeihatten, bezahlte der Junge den Ausflug mit seinem Leben.

Jahrelang verschollen

1996 verschwand eine vierköpfige Familie aus Dresden im Death Valley spurlos. Nur ihr Mietwagen wurde nach einigen Monaten mithilfe eines Aufklärungsflugzeugs entdeckt: mit drei zerfetzten Reifen sowie leeren Wasserflaschen und zurückgelassenen Schlafsäcken im Inneren des Kleinbusses. Trotz intensiver Suche per Hubschrauber und zu Pferd stießen erst 13 Jahre später zwei Wanderer in einem abgelegenen Tal auf Skelettreste. Ausweispapiere belegten, dass es sich um die Dresdner Touristen handelte. Offensichtlich hatte die Familie mit ihren vier- und zehnjährigen Söhnen nach der Autopanne versucht, zu Fuß Hilfe zu holen. Sie verdurstete auf grausame Weise.

Wandernde Felsen

Auf der Racetrack Playa im Death Valley liefern sich nicht etwa schnelle Autos ein Rennen, sondern es wandern Felsbrocken in dem ausgetrockneten See umher. Wissenschaftler wissen noch nicht, wodurch die zum Teil 350 kg schweren Steine in Bewegung geraten. Sie hinterlassen jedoch deutliche Spuren, die mal schnurgerade, mal gewunden, nur wenige Zentimeter bis 1000 m lang sind.

Rub-al-Chali

»Leeres Viertel« lautet die Übersetzung von
Rub-al-Chali, dem Namen der größten zusam-
menhängenden Sandwüste der Erde. Mit ihren etwa 780 000 km² nimmt sie ein Viertel
der Arabischen Halbinsel ein. Sie erstreckt sich
von den Vereinigten Arabischen Emiraten bis weit
nach Saudi-Arabien, in den Oman und nach Jemen.
Schotterebenen und vor allem bis zu 300 m hohe Sanddünen wechseln
sich in der Wüste ab.

Bis heute gehört die Rub-al-Chali zu den unzugänglichsten Gebieten
der Erde, ein großer Teil ist immer noch unerforscht. Wer kein Wüsten-
bewohner ist, kann dort leicht die Orientierung verlieren: Der Wind über-
malt mit Sand innerhalb weniger Minuten jede Spur und jeden Pfad.

Sand-und-Sterne-Navi

Durch die nahezu unbewohnte Landschaft zogen früher Weihrauch-
Karawanen, heute noch einige Nomaden. Sie fanden und finden
ihren Weg mithilfe der unterschiedlichen Farben des Sandes und
Sterne. An manchen Stellen verraten ihnen auch Pflanzen,
die nur in einer bestimmten Gegend vorkommen,
wo sie sich befinden.

Oasengürtel

Von einem Grundwasserreservoir
nur wenige Meter unter dem
Wüstensand wird die Liwa-Oase
gespeist. Sie vereint in einem
etwa 100 km langen Bogen in
Ost-West-Richtung mehrere
kleine Oasen-Dörfer. Die wenigen
Menschen dort ernten Datteln,
betreiben Kamelhandel und
Viehzucht. Touristen können
in einem der luxuriösen Hotels
dort mit Blick auf die Wüste im
Swimmingpool baden.

Gefahreneinstufung:
Abseits der Straßen schnell
ein tödlicher Flecken Erde.

Harte Bedingungen

Nur rund 50 mm Nieder-
schlag fällt in der Rub-al-Chali. Tags-
über herrschen Temperaturen bis
zu 60°C im Schatten, nachts kann
es bis zum Gefrierpunkt abkühlen.
Wer die Wüste bereist, muss also
sowohl für extreme Hitze als auch
Kälte gerüstet sein. Genügend
Trinkwasser ist ein Muss, ebenso
ein aufgeladenes Mobilfunkge-
rät, um im Notfall Hilfe rufen zu
können. Viele Menschen begegnen
einem nicht in der Wüste – auf
asphaltierten Straßen zu bleiben,
erhöht die Wahrscheinlichkeit, auf
andere zu treffen, jedoch erheblich.

Motorsport-Düne

Mit 120 m ist die Moreeb-
Düne die höchste und mit ihrer
50°-Steigung auch die steilste
Sanddüne der Rub-al-Chali.
Aus der Liwa-Oase ist sie über
eine Stichstraße zu erreichen.
Einmal im Jahr findet dort mit
der »Abu Dhabi Desert Chal-
lenge« eine Wüstenrallye statt.
Dabei versuchen die Teilneh-
mer mit extra dafür umgebau-
ten Geländewagen oder auch
Motorrädern den Gipfel der
Düne zu erreichen.

Umsichtige Fahrtechnik

Abenteurer, die sich in ihren ge-
mieteten Geländewagen abseits
der Piste bewegen, sollten zuvor
alle ihre Wasser- und Treibstoff-
Kanister auffüllen. Wichtig sind
auch Schaufeln, um das Fahrzeug freizubuddeln, wenn seine
Reifen im Sand feststecken
sollten. Vorsicht ist bei Salz-
schlamm geboten, der oft den

Untergrund in Salzsenken bildet:
Ist er feucht, kann er bodenlos
sein. Autos können darin durch-
aus komplett versinken. Wilde
Fahrmanöver auf den Dünen sind
nur etwas für Geübte und brauchen viel Konzentration: Eine stei-
le Kante diagonal anzufahren, ist
keine gute Idee! Der ganze Wagen
kann kippen oder sich mehrmals
überschlagen.

Polargebiete

Ständig von Schnee und Eis bedeckt sind die Polargebiete Arktis und Antarktis. Dort herrschen extreme Minustemperaturen, da das Eis die Sonne reflektiert und sie den Boden nicht erwärmen kann. Als besonders eisig und extrem windig gilt die Antarktis. Starke Schneestürme, Blizzards, können in wenigen Minuten die Landschaft komplett verändern oder Eis zu Hindernissen auftürmen.

Trotzdem hat es immer Forscher und Abenteurer in diese lebensfeindlichen, unwirtlichen Gefilde gezogen. Ende des 19. Jh. lieferten sich Polarforscher bei ihren Expeditionen in die Eiswüsten regelrechte Wettläufe zu den Polen. Einige von ihnen starben oder blieben verschollen.

Kein Vergnügen

Hunger und Kälte, Skorbut und Schneeblindheit, verborgene Gletscherspalten und im Packeis festgefrorene Schiffe, mit solchen Widrigkeiten hatten die frühen Polarforscher zu kämpfen. In der Arktis übernahmen sie Überlebenstechniken der Inuit und lernten mit Hundeschlitten umzugehen, was auch in der Antarktis hilfreich war.

Sicheres Transportmittel

Mit Hundeschlitten fuhren bereits Grönlands Ureinwohner bei Temperaturen weit unter dem Gefrierpunkt weite Strecken oder transportierten erlegte Beute. Der Polarforscher Roald Amundsen setzte dieses alte Transportmittel 1911 bei seiner Südpolexpedition ein. Die Schlittenhunde ernährte er mit Robbenfleisch. Seit 1994 sind sie als »fremde Lebensart« laut Antarktisvertrag am Südpol unerwünscht.

Gefahreneinstufung:
Moderne Technik siegt über die
raue Natur – aber nicht immer!

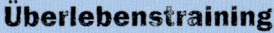

Überlebenstraining

Die meisten Gefahren sind in den Polargebieten heute ausgeräumt. Doch um sich im
Notfall zu helfen zu wissen, wird jeder, der
sich länger in der Arktis oder Antarktis
aufhält, mit wichtigen Überlebenstechniken vertraut gemacht. Grundausrüs-
tung für alle Touren sind Benzinko-
cher, Spaten, Trockennahrung und
Energieriegel, Schlafsäcke und Zelte.
Damit wird das Überleben für einige
Tage gesichert, falls unterwegs
etwas schiefgeht. In der Arktis
sollen Gewehre vor angreifenden
Eisbären schützen.

Warm bleiben

Im »ewigen Eis« auszukühlen,
kann lebensbedrohlich sein,
da extremer Wärmeverlust zu
Bewusstlosigkeit, Kreislauf- und
Atemstillstand führen kann.
Selbst Polarkleidung, die aus
vielen einzelnen Schichten
besteht, bietet auf Dauer keinen
Schutz. Polarreisende sollten
sich viel bewegen, heiße
Getränke zu sich nehmen und
reichlich essen. Der menschliche Körper verbrennt in der
Kälte ungeheuer viele Kalorien,
das Fünffache des normalen
Tagesbedarfs! Kein Wunder,
dass viele Inuit sich mit sehr
fettem Fisch ernähren. Wer
nachts vor lauter Kälte nicht
schlafen kann, dem wird geraten, aufzustehen und sich – in
Nähe des Schlaflagers – durch
Bewegung warm zu halten.

Schneehaus

Sollten unterwegs die Zelte
verloren gehen, schützt ein Iglu
beim Übernachten im Freien in den
Polargebieten vor Wind und Kälte. Und es
ist schnell gebaut: Die Ausrüstung auf einen
Haufen legen, mit einer Plane abdecken und
Schnee draufschaufeln. Dann so lange ver-
dichten, bis der Schnee von alleine trägt.
Danach die entstandene Aushöhlung frei-
räumen. Der Eingangsbereich muss
tiefer angelegt sein als die spätere
Liegefläche: Nur dann entweicht
die warme Luft nicht.

Tornado Alley

Ein Teil der USA wird immer wieder von Tornados heimgesucht. Die schweren Wirbelstürme ziehen eine Schneise der Verwüstung hauptsächlich durch den Mittleren Westen bis nach Texas und Florida, weshalb das Gebiet als »Tornado Alley« bezeichnet wird. Sie verwandeln dabei ganze Ortschaften in Schutthalden.

Die gewaltigste Tornadoserie ereilte die Bundesstaaten Kansas und Oklahoma. Am 3. Mai 1999 entstanden allein an einer Gewitterfront innerhalb weniger Stunden weit über 50 Tornados. Der heftigste hielt zwei Stunden an, war 1,6 km breit und mit 511 km/h der Tornado mit der höchsten bisher gemessenen Windgeschwindigkeit. 48 Menschen starben, 10 500 Gebäude wurden zerstört.

Stürmischer Rüssel

Tornados gehören zu den heftigsten Winden der Erde. Sie treten immer mit Gewittern auf und bilden sich dort, wo ein Tiefdruckgebiet auf sehr warme Luftmassen trifft. Durch den Temperaturunterschied baut sich eine kreisende Luftsäule auf, die von den Wolken bis runter auf den Boden reicht: der für Tornados typische Schlauch oder Rüssel.

Fujita-Skala

Um die Windstärke eines Tornados angeben zu können, wurde eine eigene Skala entwickelt. Sie ist nach Dr. Ted Fujita benannt, einem der bekanntesten Tornadoforscher in den USA, und reicht von F0 bis F5. Sie erfasst Windgeschwindigkeiten von unter 117 km/h bis über 419 km/h. Die höchste bisher gemessene Geschwindigkeit eines Tornados liegt bei 511 km/h.

Immer früher, immer öfter

Normalerweise beginnt die Tornadosaison in den USA im April. 2012 zogen die verheerenden Luftwirbel bereits Anfang März über Land. Die Behörden mussten Tornadowarnungen für ein halbes Dutzend US-Bundesstaaten ausrufen, da eine ganze Armada von 80 Wirbelstürmen anrückte. Die »Finger Gottes«, wie die Tornados von den Amerikanern auch genannt werden, fegten Häuser und Fahrzeuge weg, viele Menschen wurden unter den Trümmern verschüttet, verletzt oder starben. Wetterforscher sagen voraus, dass mit der Klimaerwärmung die Tornadoserien in den USA immer früher auftreten und zunehmen werden.

Nächtliches Grauen

Nicht nur bei Tageslicht tritt die Sturmgewalt auf. Immer öfter verwüsten die seltenen Nacht-Tornados in den USA ganze Siedlungen. Sie tauchen ohne Vorwarnung auf, was aber oft daran liegt, dass sie im Dunkeln schwieriger auszumachen sind. Im April 2012 zogen gleich mehrere dieser Tornados über die Kleinstadt Woodward im US-Bundesstaat Oklahoma hinweg. Stromleitungen wurden niedergerissen – weshalb auch die Sirenen keinen Alarm mehr schlagen konnten –, Hausdächer abgedeckt und Autos herumgewirbelt. Fünf Menschen starben und 29 wurden verletzt.

Sturmjäger

Tornados frühzeitig erkennen, Menschen warnen und sie dadurch retten: Aus diesem Grund entstand in den 1970er-Jahren die Stormchaser-Bewegung in den USA. Ehrenamtliche Beobachter fahren gezielt in ein Unwetter hinein, um Tornados zu sichten und dann die Gefahrenmeldung weiterzugeben. Neben Radarbildern setzt der US-Wetterdienst auf diese Tornado-Spotter und bildet sie inzwischen auch aus.

New Orleans

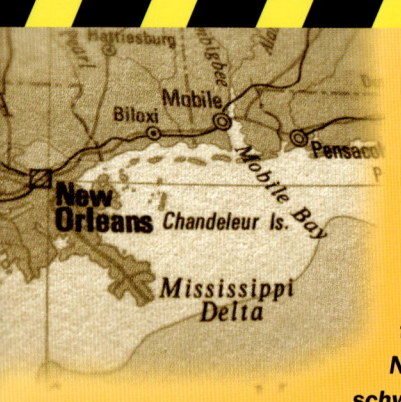

1718 wurde New Orleans als französische Kolonie im heutigen US-Bundesstaat Louisiana gegründet. »The Big Easy«, wie die Stadt auch genannt wird, ist berühmt für seine beschwingte Lebensart, gilt als »Wiege des Jazz« und Hochburg der Voodoo-Kultur. Immer wieder hat New Orleans, von Napoleon 1803 an die USA verkauft, mit schweren Überschwemmungen zu kämpfen. Das erklärt sich durch die Lage der Stadt mitten im Delta des Mississippi und am Südufer des Lake Pontchartrain. Ihre Häuser wurden in einem Sumpfgebiet errichtet, von dem 70 Prozent unterhalb des Meeresspiegels liegen und das weiter absinkt. Doch damit nicht genug: New Orleans wird auch des Öfteren von schweren Hurrikanen heimgesucht!

Brutale »Betsy«

Im September 1965 traf der Hurrikan »Betsy« New Orleans, wobei er eine Windgeschwindigkeit von 180 km/h erreichte. Dabei brachen Dämme an der Mündung des Mississippi in den Golf von Mexiko und die Fluten setzten die halbe Stadt unter Wasser. Einige Menschen ertranken auf ihren Dachböden, als sie versuchten, sich in Sicherheit zu bringen.

Hurrikan

Geburtsort von Hurrikanen sind warme Ozeane in heißen Gegenden rund um den Äquator. Die tropischen Wirbelstürme entstehen, wenn warmes Meerwasser verdunstet und viel feuchte Luft aufsteigt. Sie zieht weitere Luft an, beginnt sich durch den Sog in einer riesigen Spirale immer schneller zu drehen. Typisch für einen Hurrikan ist sein »Auge«, ein Loch in der Mitte des Wirbelsturms, in dem es komplett windstill ist.

Monstersturm »Katrina«

Der Hurrikan »Katrina« raste Ende August 2005 mit 250 km/h auf den südöstlichen Teil der USA zu. Berechnungen seiner Route ergaben, dass er mit großer Wahrscheinlichkeit New Orleans direkt treffen würde. Da bis zu 8,5 m hohe Flutwellen die Dämme um die Stadt zerstören könnten, wurde eine Zwangsevakuierung angeordnet: 1,3 Millionen Menschen verließen den Großraum New Orleans. Obwohl »Katrina« sich abschwächte und um einige Grad vom berechneten Kurs abwich, waren die Auswirkungen verheerend.

Chaos pur

Zwei Brüche im Deichsystem spülten Brackwasser aus dem Lake Pontchartrain in die Stadt: 80 Prozent standen daraufhin bis zu 7,6 m unter Wasser. New Orleans war größtenteils von der Außenwelt abgeschnitten. Leichen, Abfälle, giftige Chemikalien und Kot trieben in den Fluten, was die Seuchengefahr erhöhte. Plünderer zogen durch die Straßen, die Strom- und Trinkwasserversorgung brach zusammen. 1800 Menschen starben. Die Kosten für den Wiederaufbau der Stadt wurden mit rund 125 Milliarden US-Dollar veranschlagt. Bis 2008 waren 12 000 Menschen noch immer obdachlos und 120 000 evakuierte Einwohner nicht in die Stadt zurückgekehrt.

Menschenfalle

Schutzsuchende, die New Orleans nicht rechtzeitig verlassen konnten, flüchteten in den Superdome. In der Football-Arena hielten sich statt der erwarteten 10 000 Menschen etwa dreimal so viele auf. Während des Sturms wurde die Notunterkunft schwer beschädigt und von den Fluten eingeschlossen. Erst nach einer Woche ohne Lebensmittelnachschub und funktionierende Toiletten konnten die Menschen dort gerettet werden.

Blue Hole (Ägypten)

Als »Blaue Löcher« werden Öffnungen im Dach eines Küstensaumriffs bezeichnet, sie kommen in vielen Meeren weltweit vor. Diese Unterwasserhöhlen haben oft senkrechte Steilwände, von denen mehrere Gänge oder Tunnel abzweigen. Bei Tauchern besonders beliebt ist das Blue Hole vor der ägyptischen Küste des Roten Meeres im Golf von Akaba.

Es hat einen Durchmesser von 50 bis 65 m und sein innen liegender Steilabfall führt in 90 m Tiefe. Selbst erfahrene Sporttaucher kommen dort schnell an ihre Grenzen. Trotzdem erliegen viele dem Reiz des Unbekannten und wagen sich weiter runter, als sie sollten, mit fatalen Folgen: Zwischen 1997 und 2012 starben dort 130 Taucher.

Tiefenrausch

Pressluft zum Tauchen setzt sich aus 78 Prozent Stickstoff, 21 Prozent Sauerstoff und 1 Prozent anderer Gase zusammen. Da der Körper ab einer bestimmten Tiefe – je nach körperlicher Verfassung ab 20, 30 oder 40 m – mehr Stickstoff aufnimmt, kann es zum Tiefenrausch kommen. Diese Stickstoffnarkose beeinträchtigt das klare Denken, kann zu Panik oder tödlichem Übermut führen.

Tödlicher Bogen

Das Blue Hole ist über einen »Arch« (Bogen) mit dem offenen Meer verbunden. Die Öffnung dieses Tunnels beginnt am Grund des Lochs und reicht hoch bis in 55 m Tiefe. Wer den Eingang erreichen will, muss die 40-m-Tiefengrenze für Presslufttauchen verletzen. Manch einer, der das Risiko eingeht, wird Opfer des Tiefenrauschs.

Trügerisches Licht

Dunkler und dunkler wird es beim Abtauchen im Blue Hole und dann plötzlich hell: Es ist das Licht, das durch den Tunnel einfällt. Einige Taucher reagieren darauf mit Unachtsamkeit. Das Leuchten lässt sie vergessen, in welcher Tiefe sie sich eigentlich befinden. Sie bleiben zu lange unten und haben nicht mehr genug Luft, um rechtzeitig nach oben zu gelangen. Andere sorgen zu spät für genügend Auftrieb an ihren Tarierjacken, um den Wiederaufstieg zu bewältigen. Sie sinken weiter ab und verlieren das Bewusstsein.

Abschiedsfilm

Im Jahr 2000 wollte der damals 22-jährige Russe Jurij Lipski seinen Tauchgang im Blue Hole mit einer Videokamera aufzeichnen, die er an seinem Kopf befestigt hatte. Es wurde sein Abschiedsfilm, denn er kam bei dem Tauchgang in 90 m Tiefe ums Leben. Der Film zeigt, wie er – weil zu schwer mit Bleigurten behangen – in die Tiefe rast und wie anschließend seine Tauchweste beim Versuch, sie aufzublasen, platzt.

Tauchergrab

»Knochensammler« nennen seine Nachbarn den Tauchlehrer Tarek Omar. Er birgt seit 1997 die Leichen aus dem Blue Hole, um sie den Angehörigen zu übergeben. Der Ägypter war der Erste, der sich je in das Loch hineingewagt und es ganz und gar erkundet hat. Bei seiner ersten »Mission«, wie er die Bergung nennt, fand er zwei Taucher, die sich fest umklammert hielten. Tarek Omar vermutet, dass der eine unter Wasser Probleme bekam, der andere beim Rettungsversuch mit ihm absank und beide bewusstlos wurden. An jeden Toten, ob er nun gefunden wurde oder nicht, erinnert eine Gedenktafel an einer Felswand in der Meeresbucht.

Marianengraben

Etwa 2000 km östlich der Philippinen verläuft im Westpazifik die tiefste Senke in der Erdoberfläche: der Marianengraben, der rund 11 000 km unter dem Meer liegt. Per Echolotung wurde dort 1957 das Witjastief mit 11 034 m als die größte Meerestiefe der Welt ausgemacht. In diesem unterseeischen Abgrund würde der höchste Berg der Erde, der Mount Everest, komplett verschwinden.

Der Marianengraben gehört zu den letzten wenig erforschten Gebieten der Erde. Tauchgänge können dort nur in speziell ausgebauten U-Booten unternommen werden – sie müssen dem extremen Druck in so großer Tiefe standhalten. Bisher haben nur drei Menschen den lebensgefährlichen Abstieg gewagt.

Die »Trieste«

Bis heute hält die »Trieste« den Tauchrekord für U-Boote. Die Tauchkugel wurde von Auguste Picard, dem Vater von Jacques Picard, entwickelt und ist eine einfache Konstruktion aus Stahl mit Bullauge, Auftriebskörper und Gewichten. Die Wände sind allerdings fast 13 cm dick, damit der Druck das Boot nicht zerquetscht – denn der ist in 10 000 m Tiefe etwa tausendmal so groß wie an Land.

Dreier-Club

Die Ersten, die auf den Meeresboden des Marianengrabens tauchten, waren die Ozeanografen Jacques Picard und Don Walsh. Sie stiegen am 23. Januar 1960 im Tauchboot »Trieste« auf 10 916 m ab. Am 26. März 2012 drang der kanadische Filmregisseur James Cameron in seinem Boot »Deepsea Challenger« auf 10 898 m Tiefe vor. Er war der erste Mensch, der eine solche Reise alleine unternahm.

»Deepsea Challenger«

Bis zum Schluss hatten der »Titanic«-Regisseur James Cameron und die National Geographic Society die Entwicklung der »Deepsea Challenger« geheimgehalten. Zusammen ließen sie das 7,3 m lange, mit 3D-Kameras ausgestattete Spezial-U-Boot in Australien bauen. Cameron fand mit angewinkelten Beinen Platz in einer kleinen Kapsel von 109 cm Durchmesser voller Elektronik und lebenserhaltender Systeme. Über einen Joystick steuerte er das Gefährt mit 5 km/h in die Tiefe. Der Kanadier sammelte drei Stunden lang am Grund des Challengertiefs Daten und Proben und filmte die Tiefseewelt. Dann stieg er in 70 Minuten die 11 km zurück an die Meeresoberfläche.

Voller Leben

Jenseits von 800 m Wassertiefe herrscht in der Tiefsee nicht nur ein extremer Wasserdruck, sondern auch ewige Dunkelheit. Die Wassertemperaturen sind mit -1 bis 2 °C unwirtlich. Trotzdem überrascht die Tiefsee mit bizarren Kreaturen,

Gigantentreffen

Durch das Aufeinandertreffen zweier gigantischer Erdplatten ist der Marianengraben im Laufe der Jahrmillionen entstanden. Dort schiebt sich auf 2400 km Länge mit einer Geschwindigkeit von 10 cm im Jahr die Pazifische Platte unter die Philippinische Platte und reißt sie dabei in die Tiefe. Dabei kommt es zu Spannungen, die sich schlagartig in unterseeischen Erdbeben entladen und gewaltige Flutwellen auslösen können.

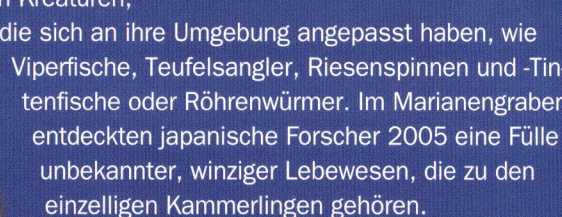

die sich an ihre Umgebung angepasst haben, wie Viperfische, Teufelsangler, Riesenspinnen und -Tintenfische oder Röhrenwürmer. Im Marianengraben entdeckten japanische Forscher 2005 eine Fülle unbekannter, winziger Lebewesen, die zu den einzelligen Kammerlingen gehören.

Mount Everest

Mit 8848 m über dem Meeresspiegel ist der Mount Everest im Himalaja der höchste Berg der Erde. Erstmals bestiegen wurde er am 29. Mai 1953 von Sir Edmund Hillary und dem Sherpa Tenzing Norgay. Tausende Extrembergsteiger folgten ihnen nach, mittlerweile gibt es geführte, aber deshalb nicht weniger risikoreiche Expeditionen.

Bis Mai 2011 starben 219 Menschen am Mount Everest. 2012 waren zehn Tote zu beklagen – die Saison gilt als die schlimmste seit 15 Jahren. Trotzdem wollen immer mehr Menschen einmal auf dem höchsten Gipfel der Erde stehen. Dabei überschätzen viele ihre körperlichen Fähigkeiten und geistige Stärke und verkennen die Gefahren am Berg.

Tödliche Höhe

Um sich an die extreme Höhe zu gewöhnen, verbringen Kletterer am Mount Everest mehrere Wochen im Basislager auf 4500–5000 m Höhe, mit Ausflügen in höhere Lagen. So wird der Höhenkrankheit vorgebeugt, die sich durch Kopfschmerzen, Erbrechen, Schwindel und Atemnot bemerkbar macht. Im schlimmsten Fall bilden sich Ödeme in Hirn und Lunge, was tödlich enden kann.

Sherpas

Die Einwohner des nordöstlichen Teils von Nepal gehören der Volksgruppe der Sherpas an. Durch ihr Leben im Hochgebirge ist ihr Körper wesentlich leistungsfähiger als der von Flachländern – und sie kennen ihre Bergregion genau. Deshalb gibt es keine Besteigung des Mount Everest ohne Sherpas, die als Führer oder Träger arbeiten oder Routen mit Leitern oder Seilen ausstatten.

Gefahreneinstufung:
Viel zu viel Risiko für nur
wenige Minuten Gipfelfreude.

Wind, Eis und Steine

Das Wetter ist ein großer Gegner beim Aufstieg auf den Gipfel, aber auch beim Absteigen. Starker Wind kann zu Schneestürmen führen, die Sicht einschränken und zu Erfrierungen führen. Manchmal zwingt er dazu, länger am Berg zu verharren, als es der Körper verträgt. Riesige Eis- oder Steinbrocken können sich bei zu großer Trockenheit unvermittelt lösen und ganze Seilschaften erschlagen. Weitere Gefahren sind Lawinenabgänge und Gletscherspalten, die schon manchem Bergsteiger das Leben gekostet haben.

Eisiges Grab

Am 10. und 11. Mai 1996 kommt es zur größten Katastrophe am Mount Everest. Zwei Expeditionen sind mit insgesamt 33 Menschen an der Nord- und Südseite des Berges unterwegs, als ein Wetterumschwung sie in Gipfelnähe überrascht. Acht Bergsteiger sterben in der sogenannten »Todeszone« an Erschöpfung, da ihre Kräfte beim Aufstieg bereits aufgebraucht waren, und Erfrierungen, auch weil der Körper keine Energie mehr hat, von innen gegenzuheizen. Kommen Bergsteiger in so großer Höhe um, lässt man sie dort liegen – die Bergung der meist tiefgefrorenen Leichen kostet zu viel Kraft.

Todeszone

Oberhalb von 7000 m können sich die Bergsteiger nicht länger als 48 Stunden aufhalten, es könnte sie umbringen. Denn in der »Todeszone« verliert der Körper mehr Kraft, als er wieder aufbauen kann, und das trotz Kurzschlaf und Ruhephasen. Er kann nicht mehr genügend Sauerstoff aufnehmen, er trocknet aus und wird von extremer Kälte, erhöhter Strahlung und dem verringerten Luftdruck angegriffen, das Blut verdickt.

K2

Der zweithöchste Berg der Erde ist mit 8611 m der K2. Sein Gipfel, der einer riesigen Pyramide nicht unähnlich ist, liegt im Karakorum, einem Hochgebirge auf der Grenze zwischen Pakistan und China. Seine Besteigung ist wesentlich anspruchsvoller als die des Mount Everest, bei Kletterern ist er deshalb auch als »wilder Berg«, »Berg der Berge«, »Vater der Berge«, »Killerberg« und »verfluchter Berg« bekannt.

Am 31. Juli 1954 standen die Italiener Achille Compagnoni und Lino Lacedelli als erste Menschen auf dem Gipfel des K2. Seither erreichten 298 Menschen den Gipfel, 80 kamen am Berg um – die Todesrate ist damit doppelt so hoch wie am Mount Everest.

Böse Überraschung

Vielen Alpinisten, die den Gipfel des K2 erreicht hatten, wurde der Abstieg zum Verhängnis. Immer wieder überrascht der Berg mit plötzlich wechselnden Wetterverhältnissen, etwa tagelangen Schneestürmen. Gute Vorbereitung der Route, Konzentration, Ruhe bewahren und keine Kräfte vergeuden sichern dann das Überleben.

Schwarzer Sommer

Anfang August 1986 waren mehrere Teams am K2 unterwegs, die sich ausgerechnet in der Todeszone gegenseitig behinderten. Der Abstieg vom Gipfel entwickelte sich zur Tragödie. Schwierige Wetterverhältnisse hielten die Bergsteiger länger als gesundheitlich vertretbar in großer Höhe fest. Sie zwängten sich zu siebt in zwei winzige Zelte, um sie brauste ein Orkan, die Temperatur lag bei −30 °C, sie konnten kein Eis schmelzen, weshalb sie rapide austrockneten. Nur zwei Bergsteiger überlebten das Drama, allerdings mussten ihnen mehrere erfrorene Finger und Zehen amputiert werden.

Gefahreneinstufung:

Der Tod ist immer nur
einen Schritt weit entfernt.

Kein Weg zurück

Am 1. August 2008 kamen elf Bergsteiger am K2 ums Leben. Insgesamt waren 15 Kletterer an diesem Tag dem Gipfel entgegengestiegen. Eine Eislawine an einer Engstelle, die Flaschenhals genannt wird, riss mehrere Bergsteiger in den Tod und die Seile kurz unterhalb des Gipfels weg. So war denen, die den Gipfel schon erreicht hatten und abstiegen, der gesicherte Rückweg abgeschnitten. Bei der Suche nach einer anderen Möglichkeit, nach unten zu gelangen, stürzten weitere Kletterer ab oder erfroren. Nur vier Bergsteiger, die in Gipfelnähe übernachtet hatten, überlebten und konnten gerettet werden.

Namensgeber

Der britische Vermessungsingenieur Thomas George Montgomerie kartierte 1856 die Gipfel des Karakorum-Gebirges. Dabei zählte er sie von West nach Ost einfach der Reihe nach durch, wobei »K« als Abkürzung für »Karakorum« steht. Die Einheimischen nennen den K2 »Chogori«, was »großer Berg« bedeutet.

Norit K2 Expedition 2008

Jet-Streaks

Für viele Unglücksfälle an so hohen Bergen wie dem K2 oder dem Mount Everest könnten extreme Höhenwinde schuld sein. Kanadische Wissenschaftler entdeckten die »Jet-Streaks«, die mit den »Jet-Streams« um die Erde rasen. Sie ziehen die Stratosphäre zeitweise nach unten, wodurch plötzlich der Druck absinkt: Die Bergsteiger befinden sich dadurch wie auf einer Flughöhe von Düsenjets – auf 9000 m und fast kein Sauerstoff!

Matterhorn

Jährlich wollen rund 3000 Menschen aus aller Welt das 4478 m hohe Matterhorn erklimmen. Die dreieckige Silhouette des Berges – der im Kanton Wallis an der Grenze zu Italien liegt – ist ein Wahrzeichen der Schweiz. Es soll einem Süßwarenhersteller als Vorlage für einen Schokoladenriegel gedient haben. Der höchste Berg der Alpen ist aber nicht einfach zu besteigen.

Nach einer Statistik des Schweizer Alpenclubs (SAC) starben zwischen 1997 und 2011 am Matterhorn 75 Menschen. Seit 1865 sollen über 450 Bergsteiger dort bei Stürzen, Lawinenabgängen und Steinschlägen ihr Leben gelassen haben – das sind mehr als an jedem anderen Berg der Welt.

Tragischer Anfang

Einer Seilschaft aus sieben Mann, die der englische Bergsteiger Edward Whymper zusammenstellte, gelang am 14. Juli 1865 die Erstbesteigung des Matterhorns über den Hörnligrat. Ihren Triumph konnte sie nur kurz auskosten: Beim Abstieg stürzten vier Männer, weil ein Seil riss. Drei von ihnen wurden geborgen, einer blieb auf ewig verschollen.

Notunterkunft

50 Jahre nach der Erstbesteigung des Matterhorns richtete der SAC am Hörnligrat auf 4003 m Höhe die Solvayhütte ein. Sie ist ausschließlich für den Notfall gedacht, nicht als Zwischenunterkunft auf dem Weg zum Gipfel. Es gibt zehn Betten und ein Funktelefon, um Hilfe rufen zu können, aber weder Essen, Wasser noch Feuerholz.

Gefahreneinstufung:
Ungeübt und ohne Bergführer
ein Aufstieg ohne Wiederkehr.

Speed-Rekord

Er gilt als einer der schnellsten Alpinisten der Schweiz: der Solo-Kletterer Ueli Steck. Am 13. Januar 2009 durchkletterte er die 1000 m hohe Schmid-Route, für die Bergsteiger sonst 12–14 Stunden brauchen, in nur 1 Stunde 56 Minuten. Er war dabei komplett ungesichert wie bei seinen Speed-Rekorden an zwei weiteren schwierigen Alpen-Nordwänden: der Grandes-Jorasses- und der Eiger-Nordwand.

Gefährliche Wand

Über Zermatt ragt die schroffe Nordwand des Matterhorns empor. Die Gebrüder Schmid durchstiegen sie 1931 als Erste. Die nach ihnen benannte Schmid-Route nutzen heute Alpinisten, die die Wand bezwingen wollen. Im Einstiegsfeld geht es über blankes Eis, in den höheren Lagen wechseln sich Fels, Eis und Schnee ab. Dort haben Steinschläge schon viele Bergsteiger in die Tiefe gerissen. Wer gegen den Fels schlägt, hat, selbst wenn er einen Berghelm trägt, kaum Überlebenschancen.

Bröckelnder Fels

In der Klettersaison 2003 wurde das Matterhorn erstmals für Bergsteiger gesperrt. Der Grund: Wegen des Klimawandels taut das »ewige« Eis am Felsen auf, wodurch der Berg seinen Halt verliert. Hunderte Kubikmeter Gesteinsmassen gingen auf einer Höhe von 3400 m an der Hauptkletter-Route

ab. Obwohl Hochbetrieb am Berg herrschte, konnten 70 Bergsteiger unverletzt von der Bergwacht mit dem Hubschrauber in Sicherheit gebracht werden. Allein hätten sie nicht zurück ins Tal gefunden: Massive Felsbrocken versperrten den Abstieg. 2006 sperrte man, ebenfalls wegen eines Felssturzes, die in Italien liegende Südflanke des Matterhorns, 26 Bergsteiger wurden ausgeflogen.

Eiger-Nordwand

Der 3975 m hohe Eiger ist Teil der Berner Alpen in der Schweiz. Interessant für Kletterer ist seit Ende des 19. Jh. seine rund 1800 m hohe Nordwand. Als wahre Herausforderung gilt ihre Westhälfte, die aus vereisten Wänden, morschem Gestein, schneeverwehten Rissen und Spalten sowie überhängenden Felspartien besteht.

Beim Aufstieg an dieser »Mordwand« genannten Seite spielten sich in der Vergangenheit dramatische Szenen ab, und zwar vor den Augen vieler Beobachter: Mit Teleskopen können alle Vorfälle, die sich in der Wand ereignen, vom Talort Grindelwald oder noch besser von der Passhöhe Kleine Scheidegg haarklein mitverfolgt werden.

Hilflose Retter

Bereits 1935 erfroren zwei Deutsche bei ihrem Versuch, die Nordwand als Erste zu bezwingen, nach einem Wetterumsturz in 3300 m Höhe. Die Stelle heißt bis heute »Todesbiwak«. 1936 traf es zwei Deutsche und zwei Österreicher. Auch sie zwang schlechtes Wetter zur Umkehr – allerdings hatten sie das Seil für den einfachen Rückweg abgezogen. Drei Männer stürzten zu Tode, ein Überlebender starb vor den Augen der Retter im Seil hängend, da er zu erschöpft war, den Knoten eines verlängerten Seils durch einen Schnappring zu ziehen.

Biwak

Bergsteiger verstehen unter einem Biwak ein spartanisches Lager, in dem sie am Berg übernachten. Das kann ein Unterstand aus Holz, Wellblech oder Kunststoff sein, ein leichtes Zelt oder ein Schlafsack. In Notfällen kann Biwakieren auch bedeuten, mit Gurten am Fels gesichert oder auf einem schmalen Vorsprung die Nacht zu verbringen.

Gefahreneinstufung:
Auch heute noch ohne Vorkennt-
nisse ein ungeheures Wagnis.

Gemeinsam am Ziel

Zunächst getrennt versuchten die beiden Deutschen Anderl Heckmair und Ludwig Vörg sowie die zwei Österreicher Heinrich Harrer und Fritz Kasparek vom 21.–24. Juli 1938 den Eiger-Gipfel über die Nordwand zu erreichen. Schlechtes Wetter, mehrere Lawinenabgänge und Übernachtungen im Biwak führten die beiden Seilschaften schließlich zusammen und zum Erfolg: In der Nacht zum 24. Juli kamen sie oben an. Sie waren damit die Ersten, die die Eiger-Nordwand durchstiegen hatten.

Aufstieg oder Tod

Im August 1957 kam es erneut zu einem spektakulären Drama an der Eiger-Nordwand. Zwei Italiener und zwei Deutsche hatten sich beim Aufstieg zusammengeschlossen. Wenige Hundert Meter unterhalb des Gipfels wurden sie durch Schlechtwetter an die Wand gefesselt. Zwei der Bergsteiger stürzten auf Felsvorsprünge, wo sie in Biwaksäcken ausharrten. Nur einer von ihnen konnte mithilfe einer Stahlseilwinde vom Felsen gerettet werden, der andere starb und wurde erst zwei Jahre später geborgen. Die anderen beiden Männer waren weitergeklettert und blieben bis 1961 verschollen, dann fand man ihre Leichen.

Notnagel Stollenloch

Manch ein Todeskandidat an der Eiger-Nordwand konnte sein Leben dank des Stollenlochs retten. Es handelt sich dabei um eines von sieben »Fenstern« in einem Tunnel, der ab 1896 für die Jungfraujochbahn in den Eiger gesprengt wurde. 1911 war kein Geld mehr für den Weiterbau der Bahn da, die Endstation liegt daher kurz unterhalb des Jungfraujochs auf 3454 m – es ist bis heute der höchstgelegene Bahnhof Europas.

Mont Blanc

20 000 Menschen im Jahr zieht es auf den Mont Blanc. Der mit 4810 m höchste Berg der Alpen liegt an der Grenze zwischen Frankreich und Italien. Der immer schneebedeckte Gipfel des »Weißen Bergs« wurde erstmals von den französischen Bergsteigern Jacques Balmat und Michel-Gabriel Paccard am 7. August 1786 bestiegen.

Mittlerweile führen mehrere Routen auf den Mont Blanc, zum Teil über seine Nebengipfel. Diese Anstiege gelten als wenig schwierig – und gerade das macht den Berg so gefährlich. Jährlich sind durchschnittlich 40 Tote und rund 150 Verletzte zu beklagen, viele von ihnen trauten sich mehr zu, als sie tatsächlich leisten konnten.

Massenandrang

Im Sommer, vor allem im Juli und August, versuchen am Tag 300 Menschen auf die Spitze des Mont Blanc zu gelangen. In dieser Zeit ist die Rettungswacht in Chamonix am Fuße des Berges im Dauereinsatz. Erschöpfte, durchgefrorene Menschen müssen ebenso geborgen werden wie Steinschlag- oder Lawinenopfer, oft per Helikopter.

Bergretter

Auch in den Bergen gibt es Rettungsdienste, die in der Not gerufen werden können: In Deutschland ist es die Bergwacht, in Österreich der Bergrettungsdienst und in der Schweiz die Alpine Rettung. Die Einsatzkräfte sind medizinisch ausgebildet, besitzen Bergerfahrung und entsprechende Gerätschaften für die Bergung von Verunglückten.

Tod aus dem Nichts

Am 4465 m hohen Mont Maudit löste sich im Juli 2012 ein 40 cm dicker Eisblock, stürzte den Berghang hinunter und brachte ein großes Schneebrett in Bewegung. Diese Lawine riss eine Seilschaft von insgesamt 28 Menschen aus verschiedenen Nationen mit sich, die an diesem Berg der Mont-Blanc-Gruppe unterwegs war, und begrub sie zum Teil unter den Schneemassen. Ein Verletzter konnte per Handy den Rettungsdienst rufen, der zusammen mit zahlreichen freiwilligen Helfern einen Großeinsatz startete. Neun Menschen konnten nur noch tot geborgen werden.

Wettlauf mit der Zeit

Sich in den Bergen mutwillig schlechtem Wetter auszusetzen, ist leichtsinnig und kann tödlich enden. Kurz nach dem schweren Lawinenunglück vom Juli 2012 marschierte eine Seilschaft von 20 Personen trotz schlechtem Wetter am Dôme du Goûter los, um eine Hütte unterhalb des Gipfels zu erreichen. Sie geriet in einen Sturm, woraufhin ein Großteil der Gruppe umkehrte. Von acht Bergsteigern, die weitergingen, konnten sich vier in eine Schutzhütte retten, zwei wurden von den alarmierten Rettungskräften im Schnee gefunden. Für zwei weitere kam die Hilfe jedoch zu spät: Sie erfroren in der Kälte.

Gut gerüstet

Hochalpine Touren erfordern die richtige Ausrüstung wie Steigeisen, Eispickel, Seil, Anseilgurt, Steinschlaghelm, Eisschrauben zum Sichern, Karabiner sowie spezielle Gurte als Absturzsicherungen. Da es immer zu plötzlichen Wetter- und Temperaturstürzen kommen kann, sind wind- und wasserfeste Kleidung sowie Mütze und Handschuhe ein Muss. Eine Schneebrille schützt die Augen vor dem stark reflektierenden Sonnenlicht.

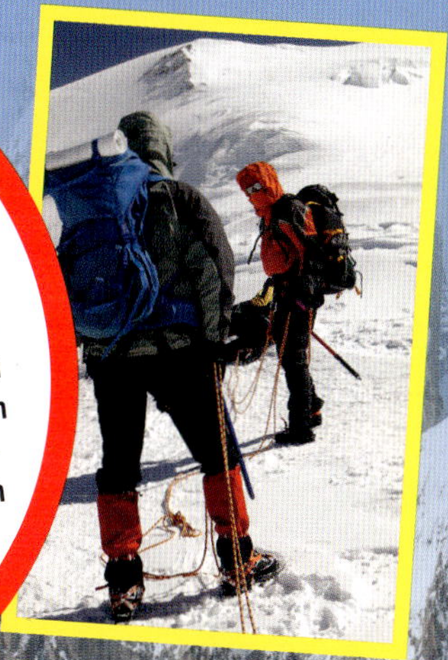

Yosemite-Park

Rund 300 km östlich von San Francisco zieht der Yosemite-Nationalpark, 1984 zum UNESCO-Weltnaturerbe erklärt, Besucher aus aller Welt an. Jährlich erleben rund 3 Millionen Menschen die Naturschönheiten an den westlichen Hängen der Sierra Nevada und die Artenvielfalt in diesem Gebiet hautnah.

Im Juli 2012 kam es im Yosemite-Nationalpark zum Ausbruch des gefährlichen Hantavirus. Wer sich damit ansteckt, erkrankt schwer an der Lunge. Nachdem drei Besucher des Parks am Hantavirus gestorben waren, versendete die Parkverwaltung eine Warnung an alle Touristen, die sich ab Anfang Juni 2012 im Yosemite-Valley aufgehalten hatten: immerhin 230 000 Personen.

Killermaus

Über den getrockneten Kot von Nagetieren, vor allem von Mäusen, kann das Hantavirus in Form von aufgewirbeltem Staub in die Lunge des Menschen gelangen. Im Yosemite-Nationalpark dient die Hirschmaus dem Virus als Wirt, und zwar einer äußerst lebensbedrohlichen Abart: dem »Sin-Nombre-Virus«. Eine Übertragung von Mensch zu Mensch gilt als so gut wie ausgeschlossen.

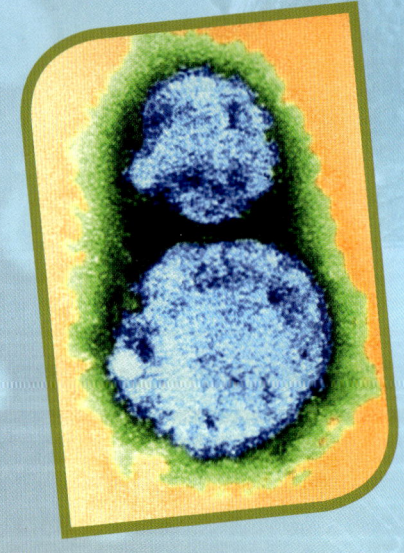

HPS

Hantavirus-induziertes pulmonales Syndrom (HPS) – so heißt die Krankheit, die sich nach der Ansteckung mit dem Virus entwickeln kann. Sie kündigt sich oft erst nach ein bis sieben Wochen durch Müdigkeit, Fieber, Muskel- und Kopfschmerzen, Schwindel, Schüttelfrost und Magen-Darm-Beschwerden an. Danach kann es zu einer schweren, tödlich verlaufenden Lungenentzündung kommen.

Nicht nur in den USA

Das Hantavirus tritt auch
in Europa und Asien auf.
Dort wird es hauptsäch-
lich durch die Rötel-
maus übertragen. Die
Mäuse selbst erkran-
ken übrigens nicht
an dem Virus, wenn
sie infiziert wurden, sie
tragen es aber lebens-
lang in sich. Das Virus
wird ebenfalls über aufge-
wirbelten, getrockneten Kot,
etwa im Wald oder beim Ausfegen
unbenutzter Schuppen, Keller
oder Dachböden übertragen.
Die europäischen und asiatischen Hantaviren führen
zur Nierenschädigung.
In schweren Fällen –
etwa akutem Nieren-
versagen – ist dann
eine Blutwäsche die
letzte Rettung.

Robert-Koch-Institut

Übertragbare und nicht übertragbare
Krankheiten zu erkennen, zu verhüten und
zu bekämpfen, ist der Auftrag des Robert-
Koch-Instituts. Es wurde 1891 als Preußi-
sches Institut für Infektionskrankheiten in
Berlin für den Mediziner und Entdecker des
Milzbrand- und des Tuberkulose-Erregers
gegründet. Seit 1952 untersteht es
dem damals neu gegründeten
Bundesgesundheitsamt.

Kein Impfstoff

Nach Angaben des
Robert-Koch-Instituts (RKI)
gab es zwischen 1993 und
2009 in den USA insgesamt
510 HPS-Patienten, rund 170
von ihnen kamen ums Leben. In
Deutschland hatten sich von Januar bis August 2012 schon 2261
Menschen mit dem Hantavirus an-
gesteckt, es starben nur wenige
Menschen. Bisher gibt es keinen
Impfstoff oder eine andere Thera-
pie gegen den Erreger. Der einzige
Schutz besteht darin, verseuchte
Nager und ihre Ausscheidungen
zu meiden und beim Putzen in
Mäuseverstecken Handschuhe
und Atemschutz zu tragen. In den
USA wird inzwischen auch Jagd
auf die Hirschmäuse gemacht.

Uganda/Kongo

Immer wieder bricht vor allem in Uganda und im Kongo urplötzlich eine heimtückische Krankheit aus, wütet eine Zeit lang unter Menschen und Tieren und verschwindet

dann spurlos für mehrere Jahre: das Ebola-Fieber. Es wird durch das Ebola-Virus ausgelöst, das zu schweren inneren Blutungen und in den meisten Fällen innerhalb weniger Tage zum Tod führt.

Benannt wurde das Virus nach dem kongolesischen Fluss Ebola, wo der erste Ausbruch 1976 stattfand. In 55 Dörfern entlang seiner Ufer erkrankten 318 Menschen an dem Fieber, 280 von ihnen starben auf qualvolle Weise. Einen zuverlässig wirkenden Impfstoff gibt es für Menschen noch nicht.

Übertragungsweg

Wie das Ebola-Virus übertragen wird, ist noch nicht eindeutig geklärt. Forscher sehen den direkten Kontakt mit erkrankten Menschenaffen, wie Gorillas oder Schimpansen, als Ursache, sowie den Verzehr von »Bush-Meat«, Affenfleisch, das dort als Delikatesse gilt. Menschen stecken sich im Kontakt mit Infizierten über Blut und Schleimhäute an.

Grauenhafter Verwandter

1967 starben mehrere Angestellte einer Marburger Pharmafirma an Blutungen ihrer inneren Organe. Sie schienen zunächst an Grippe mit hohem Fieber erkrankt zu sein. Wie sich herausstellte, waren sie jedoch Opfer einer neuen Virus-Art geworden, die mit dem Ebola-Virus verwandt ist: Es wurde mit Versuchsaffen aus Uganda in die deutsche Studentenstadt eingeschleppt. Das Marburg-Virus gilt als höchst gefährliche Biowaffe.

Liouesso

CONG

Sangha

Mam

Gefahreneinstufung:
Außerhalb Afrikas ist man in
Sicherheit – jedenfalls bisher!

Laborunfall

Im April 2009 verletzte sich eine Forscherin vom Tropeninstitut in Hamburg bei ihrer Arbeit versehentlich mit einer Ebola-Spritze. Sie wurde sofort in ein Krankenhaus eingeliefert und 21 Tage unter Quarantäne gestellt. Um auszuschließen, dass sie am Ebola-Fieber erkrankt, wurde sie als erster Mensch auf der Welt mit einem gentechnisch veränderten, bisher nur an Tieren erprobten Impfstoff behandelt. Sie blieb gesund.

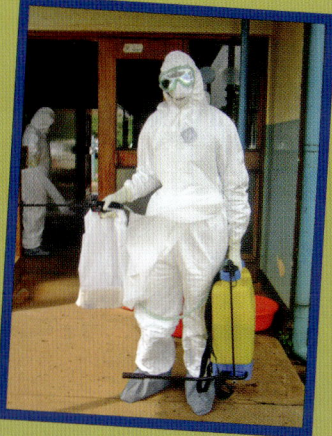

Neue Verdächtige

Eine Grotte am Ebola-Fluss machen die Menschen im Nordkongo für die Seuche verantwortlich. Vielleicht haben sie auf bestimmte Art und Weise damit recht: Wissenschaftler eines medizinischen Forschungsinstituts in Gabun konnten bei Ebola-Ausbrüchen zwischen 2001 bis 2003 drei Fledermausarten als Wirt des Ebola-Virus ausmachen. Sie selbst sterben nicht an der Krankheit, übertragen sie aber auf Menschenaffen, vermutlich durch infizierte Früchte, die zum Beispiel Gorillas in Fledermaushöhlen aufsammeln. Eine Impfung der Affen – so hoffen Wissenschaftler – könnte eine Übertragung von Ebola auf den Menschen verhindern.

Mal wieder da

Der letzte größere Ausbruch von Ebola in Uganda im Juli 2012 forderte 16 Menschenleben. Nur einen Monat später fielen im benachbarten Kongo 31 Menschen der Krankheit zum Opfer. Bis Mitte September des Jahres konnte das Fieber nicht unter Kontrolle gebracht werden. Die Weltgesundheitsorganisation spricht von 65 Verdachtsfällen und 108 Menschen, die unter Beobachtung stehen. Die Menschen wurden aufgerufen, sich nicht die Hände zu geben und die an Ebola gestorbenen Verwandten nicht selbst zu beerdigen.

Gefahren aus Menschenhand

Die Natur zu zähmen, sie unter Kontrolle zu haben, aber auch ihre Kräfte zu nutzen, ist seit jeher ein Bestreben von uns Menschen. So entstand die Zivilisation mit vielen Errungenschaften, die das Leben auf der Erde erleichtern – es an manchen Orten inzwischen aber auch gefährden.

Um Seuchen und andere schlimme Krankheiten auszurotten, müssen ihre Erreger erkannt und erforscht werden. Das erfordert aber einen sorgsamen Umgang mit diesen gefährlichen Partikeln, damit sie nicht in die Umwelt gelangen können. Größter Risikofaktor dabei ist – der Mensch!

Aus Bodenschätzen werden Stoffe gewonnen, die in Autos, Handys, Computern, Flugzeugen und vielen anderen modernen Geräten zum Einsatz kommen. Dort, wo die wertvollen Erze geborgen und verarbeitet werden, haben die Natur und die Menschen jedoch meist das Nachsehen: Da bei vielen Unternehmen der Gewinn im Vordergrund steht, sparen sie am Umweltschutz. Zurück bleiben vergiftete Böden, Luft und Gewässer.

Verliert der Mensch, wie bei der Nutzung der Kernkraft oder der Herstellung von hochgiftigen Chemikalien, die Kontrolle über die Technik, steigt die Gefahr ins Unermessliche.

Gefahren zu erkennen, sie auszuschalten, aber dadurch keine neuen zu schaffen – an einigen Orten auf dieser Welt ist das dem Menschen noch nicht gelungen.

Riems

Als Seucheninsel wird Riems bezeichnet, die in der Ostsee unweit von Greifswald liegt und über einen Damm mit dem Festland verbunden ist. Dort wurde vor über 100 Jahren das Friedrich-Loeffler-Institut (FLI) errichtet. In seinen gut gesicherten Laboren werden hochansteckende Viren, Bakterien und Einzeller untersucht.

Die gefährlichsten Erreger der Welt, die in dem Bundesforschungsinstitut für Tiergesundheit erforscht werden, befallen nicht nur Tiere. Einige können auch auf den Menschen übergehen und in kurzer Zeit weltweit Millionen von Menschen töten. Kein Wunder, dass die Insel weitgehend von der Außenwelt isoliert ist.

Sicher ist sicher

Edelstahlduschen, Materialschleusen und dicke Metalltüren liegen auf dem Arbeitsweg der Wissenschaftler, die am FLI in den Laboren mit Sicherheitsstufe 4 beschäftigt sind. Jeder Forscher steckt zudem in einem Ganzkörperanzug, der mit eigener Luftzufuhr ausgestattet ist. Im Raum herrscht Unterdruck, damit keine Luft aus dem Gefahrenbereich herausströmen kann.

Herr der Viren

Friedrich Loeffler war Ende des 19., Anfang des 20. Jh. Professor für Hygiene und gehört zu den Entdeckern der Viren. Er war mit der Erste, der den Erreger der Maul- und Klauenseuche beschrieb. Loeffler entwickelte einen Impfstoff, wobei er bei seinen Experimenten in Greifswald selbst das Virus verbreitete. 1910 bekam er deshalb ein Labor auf der damals nur per Schiff zugänglichen Insel Riems.

Infektionsställe

Bestimmte Krankheiten, wie BSE, Blauzungenkrankheit oder Schweinepest, werden direkt am Tier untersucht. Dazu stecken die Forscher gezielt Rinder oder Schweine in sogenannten ebenfalls gesicherten Infektionsställen mit den Erregern an. Erkranken die Tiere dann, werden sie getötet und ihren Körpern Proben entnommen – alles, um Gegenmittel und Impfstoffe zu finden und damit tatsächlich auftretende Seuchen zu verhindern. Die Tierkadaver werden später komplett eingeäschert, Gülle, Mist und Abwasser werden hocherhitzt, um alle Keime abzutöten.

Duschpflicht

Aus den Hochsicherheitslaboren müssen sich die Forscher »rausduschen«: Sie treten nackt in eine Schleuse und werden mehrere Minuten mit warmem Wasser eingesprüht. In allen Laboren, auch mit niedrigeren Sicherheitsstufen, tragen die Wissenschaftler kochfeste weiße Baumwollkleidung. Sie bleibt nach getaner Arbeit in dem Institut zurück und darf das Gebäude nicht verlassen. Auch die Virologen, die nicht mit ansteckendem Material arbeiten, müssen vor dem Kleiderwechsel unter die Dusche und sich gründlich reinigen. In früheren Zeiten war Menschen, die auf Riems arbeiteten, in einigen Gaststätten der Region der Zutritt verboten – man fürchtete sich vor ihnen.

Virenbank

Die Erreger und Virenstämme von 600 Tierseuchen – vom Schwein über Rind, Schaf, Ziege, Geflügel bis hin zu Giraffe, Elefant und verschiedenen Fischarten – sind in der Riemser Virenbank (RVB) stark gesichert eingelagert. Bei einer Seuche vergleichen die Wissenschaftler neue Virusproben mit denen in der Virusbank. So finden sie schnell heraus, mit welchem Erreger sie es zu tun haben oder ob es sich um ein neues Virus handelt.

Linfen

Das Herz der chinesischen Kohleindustrie ist Linfen, eine Großstadt in der Provinz Shanxi. In den meist schlecht ausgestatteten Kohleminen kommen nicht nur des Öfteren Bergarbeiter ums Leben, die Metropole gilt auch als einer der giftigsten Orte der Welt. Die Luft ist dort so verschmutzt, dass ein Tag atmen ungefähr 30 Tagen Kettenrauchen entspricht.

Viele Menschen, vor allem Kinder, tragen draußen Mundschutz. Wer beginnt, Blut zu spucken, ist wahrscheinlich an Lungenkrebs erkrankt, die häufigste Todesursache in Linfen. Aber auch Blei- und Arsenvergiftungen gehören zum Alltag, da die rund 2000 Staatsfabriken die verschiedensten Schadstoffe ungefiltert ausstoßen.

Arsenvergiftung

Arsen ist ein sehr gefährliches, aber schleichend wirkendes Gift – in Krimis bringen Mörder damit oft auf unverdächtige Weise ihre Opfer ums Leben. Es schädigt bereits in kleinen Dosen Haut und Blutgefäße. Nimmt ein Mensch Arsen über längere Zeit auf, können ihm die Haare ausfallen, er kann Lähmungen, Muskelschwund oder Hautkrebs bekommen oder auch ins Koma fallen und sterben.

1000 Schornsteine

Der Ruß von 153 Kohlekraftwerken zieht in Linfen einen so dichten Schleier über den Himmel, dass die Sonne kaum mehr zu sehen ist. Giftige, beißende Dämpfe treten aus zahlreichen Stahlfabriken, Eisengießereien und Teerraffinerien aus und rauben kurz- und langfristig den Atem – kaum ein Einwohner wird älter als 60 Jahre.

Schmutzwasser

Über verseuchtes Regen- und Grundwasser werden auch die Böden vergiftet. Viele Fabriken leiten ihr Abwasser einfach in den Fen-Fluss oder entsorgen es auf »freiem Feld«. Bauern, die in Linfen Weizen anbauen, berichten von schwarzen Getreidekörnern, die wie Kohle schmecken. Auch das Trinkwasser, aus dem Fluss oder aus Brunnen, ist verseucht. Arsen-Vergiftungen sind in der Stadt keine Seltenheit, obwohl die Behörden beteuern, der vorgeschriebene Grenzwert für diesen Schadstoff würde nicht überschritten.

Ein Funken Hoffnung

Wie es um den Umweltschutz in ihren Industriestädten bestellt ist, untersuchten die Chinesen 2007 selbst: Linfen schnitt dabei am schlechtesten ab, was ein Umdenken in Gang zu setzen schien. Um den Gehalt von Kohlenmonoxid, Stickoxiden und flüchtigen organischen Verbindungen in der Luft zu reduzieren, wurden einige Fabriken mit Abgasfiltern ausgestattet. Die Luftqualität scheint sich wirklich verbessert zu haben – zumindest im Sommer hat sich der giftige Smog-Cocktail verflüchtigt. Ob sich die Bleikonzentration in Luft und Boden verringern wird, muss die Zukunft zeigen. Im Moment übersteigt sie die in anderen Ländern üblichen Grenzwerte um das Zehnfache.

Umweltsünder Nr. 1?

In China wächst die Industrie in den letzten Jahren stark an. Seinen Energieverbrauch deckt das Land mithilfe von Kohlekraftwerken. Bei der Umwandlung von Kohle in Strom wird sehr viel Kohlendioxid (CO_2) ausgestoßen: Insgesamt sind es 7,5 Milliarden Tonnen. Damit ist China für ein Viertel der weltweiten CO_2-Belastung verantwortlich, die als Klimakiller gilt.

Aralsee

Einst war der Aralsee zwischen Usbekistan und Kasachstan der viertgrößte Binnensee der Welt. Dann wurde rund um seine Ufer im großen Stil Baumwolle angebaut. Damit sie in der trockenen Steppenlandschaft überhaupt gedeihen konnte, wurde den Zuflüssen zum See Wasser abgezapft. Dadurch begann er nach und nach zu verlanden.

Inzwischen hat der Aralsee 90 Prozent seines früheren Wasservolumens verloren, sein Salzgehalt ist um das Vierfache gestiegen. Fische starben, Fischerei war nicht mehr möglich. Die Überreste giftiger Pflanzenschutzmittel verseuchen den Boden und verteilen sich über große Entfernungen – mit gefährlichen Folgen.

Auf dem Trockenen

Die mächtigen Flüsse Syr-Darja und Amu-Darja speisten den Aralsee beständig mit Frischwasser. Anfang der 1960er-Jahre wurde das Wasser in Bewässerungskanäle umgeleitet und versickerte auf den Baumwollplantagen. Aus dem See wurde eine 42 000 km² große Salzwüste und ein Schiffsfriedhof, auf dem mehrere Hundert Schiffe der einstigen Fischereiflotte auf dem Trockenen liegen.

Schrumpfsee

100–150 km hat sich der Aralsee von seinen ursprünglichen Ufern zurückgezogen. Sein Wasserspiegel sank von ehemals 65 m auf 30,5 m. Satellitenbilder zeigen, dass der See heute aus zwei Teilen besteht: dem Kleinen Aralsee im Norden und dem Großen Aralsee im Südwesten. Seine ganze östliche Hälfte war bis 2009 komplett ausgetrocknet.

Langzeitfolgen

Im trockenen Boden des Sees bleiben gefährliche Chemikalien aus der Landwirtschaft zurück, darunter das hochgiftige Entlaubungsmittel Agent Orange. Der Wind wirbelt diesen Staub auf und verbreitet ihn kilometerweit. Atemwegserkrankungen, Blutarmut, Speiseröhrenkrebs und Gendefekte treten in der Region sehr häufig auf. Nirgendwo sonst in der gesamten ehemaligen Sowjetunion sterben mehr Kinder als rund um den See. Denn nicht nur über die Luft, sondern auch mit den Nahrungsmitteln, die auf den verseuchten Böden wachsen, nehmen die Menschen – Babys über die Muttermilch – viele der Giftstoffe auf.

Abgeschnitten

Durch den Bau des Kokaral-Staudamms 2005 in Kasachstan hat der Kleine Aralsee im Norden wieder mehr Wasser. Sein Salz- und Giftstoffgehalt nahmen ab, das Klima verbesserte sich und es leben wieder mehr Fische im See sowie Tiere in den Uferregionen. Die Erholung geht auf Kosten des Großen Aralsees im Süden, auf usbekischer Seite – durch den Damm entgeht ihm noch mehr Wasser.

Giftschleuder

Die Austrocknung hat auch weltweite Auswirkungen: Der Aralsee befindet sich mitten in einer Windschneise von West nach Süd. Der Luftstrom nimmt feinste Staubpartikel auf und trägt sie in höhere Schichten der Erdatmosphäre. Der vergiftete Salzstaub wird so auf der gesamten Welt verteilt: Wissenschaftler haben ihn in der Mongolei, in Norwegen und in Grönland gefunden. In der Antarktis fanden sich Giftstoffe vom Aralsee im Blut von Pinguinen. Auf einer Insel im See, die nicht mehr existiert, wurden bis 1991 Biowaffenversuche unternommen. Ob die tödlichen Erreger, etwa von Pest und Cholera, freigesetzt wurden, ist nicht geklärt.

Norilsk

Im Norden Sibiriens, mehrere Hundert Kilometer jenseits des nördlichen Polarkreises, wurde 1935 die Industriestadt Norilsk gegründet. Die reichen Erz- und Kohlevorkommen, die in der Gegend im Boden lagerten, sollten vor Ort gewonnen und verarbeitet werden. Im Nickelkombinat arbeiteten anfangs nach Sibirien verbannte Strafgefangene.

Heute betreibt eine Nickelfirma dort die weltweit größte Schmelze für Schwermetalle. Der Betrieb gilt als Russlands stärkster Luftverpester, Norilsk als einer der am schlimmsten belasteten Orte der Welt. Ausländer dürfen Norilsk seit 2001 nur mit Zustimmung der Nickelfirma betreten – damit niemand über die Umweltschäden berichten kann.

Fremdversorgt

Die rund 200 000 Einwohner von Norilsk leben fast wie auf einer Raumstation: Da es außer – stark belastetem – Fisch, Wasser und Wild in der Umgebung nichts Essbares gibt, wird alles von außen über Lastwagen und Schiffe herantransportiert. Alle paar Tage schaffen sie für die ganze Region vier- bis achttausend Tonnen Lebensmittel und Haushaltsgüter heran.

Kranke Stadt

Trotzdem dringen alarmierende Berichte aus der fast einheitlich schwarz und grau gefärbten Stadt nach draußen: Kupfer, Nickel, Blei und andere Schwermetalle verseuchen Boden und Gewässer. Aufgrund des hohen Schwefeldioxid-Ausstoßes bekommen viele Einwohner Lungen- oder Atemwegserkrankungen und sterben an Lungenkrebs.

Gefahreneinstufung:
Ohne Erlaubnis darfst du die Stadt
gar nicht betreten – welch ein Glück!

Umweltverbrechen

Das Erz, aus dem die Metalle gewonnen werden, ist stark schwefelhaltig. Die meisten Fabriken in Norilsk sind aber nicht mit Abgasfiltern ausgerüstet: Jährlich pusten sie so viel Schwefeldioxid in die Luft wie alle Fabriken in Deutschland zusammen in derselben Zeit. Die giftigen Schwermetalle sind nicht nur in der Stadt selbst zu finden, sondern zerstören auch die Wälder in einem riesigen Gebiet rund um die Stadt. Metalle der Platingruppe sind besonders gut wasserlöslich. Verteilen sie sich ungefiltert in die Umwelt, können sie nie zurückgeholt werden. Experten warnen, dass ohne Umweltschutzmaßnahmen die Natur um Norilsk für mindestens 500 Jahre zerstört sein wird.

Mahnung von oben

Die Schwermetalle aus Norilsk konnten auch in Skandinavien und Kanada nachgewiesen werden. Vielleicht mit ein Grund, warum der russische Regierungschef Wladimir Putin 2010 eine Modernisierung der Anlagen in Norilsk forderte. Er bezeichnete die Lösung der Umweltprobleme als die wichtigste Aufgabe für den weltweit führenden Produzenten von Nickel. Wenn sich das Unternehmen weigern sollte, Reinigungs- und Filteranlagen einbauen zu lassen, muss es mit hohen Geldstrafen rechnen.

Schwermetallvergiftung

Einige Schwermetalle, wie Eisen, Kupfer, Zink, Arsen und Nickel, sind für unseren Körper lebensnotwendig – aber nur in winzigen Spuren. Nimmt er jedoch zu viel davon auf, droht eine Vergiftung. Die toxischen Stoffe lagern sich in den lebenswichtigen Organen und Drüsen an oder verdrängen wertvolle Mineralstoffe – beides führt zu schweren Krankheiten.

Derweze

In der Nähe des turkmenischen Dorfes Derweze in der Karakum-Wüste bietet sich ein ungewöhnliches Schauspiel: Dort öffnet sich ein Loch von 70 m Durchmesser im Boden, in dem es Tag und Nacht brennt – seit über 40 Jahren. »Tor zur Hölle« nennen die Einheimischen den Gaskrater, Ergebnis einer schiefgelaufenen Bohrung.

Auf der Suche nach Erdgas stießen Geologen 1971 eher zufällig auf eine unterirdische, mit Gas gefüllte Höhle. Bei der Probebohrung brach die Erde unter dem Bohrturm weg, so entstand der riesige Krater. Um das giftige Methan nicht unkontrolliert in die Luft entweichen zu lassen, zündeten die Experten es an – und schufen die größte Gasflamme der Welt.

Reiche Bodenschätze

Turkmenistan ist bekannt für seine großen Erdöl- und Erdgasvorkommen. Diese Bodenschätze werden in die ganze Welt verkauft. Die Gasreserven des Landes sollen nach einem 2008 erstellten britischen Gutachten riesig sein: Vermutlich besitzt Turkmenistan das größte an Land befindliche Gasfeld der Welt.

Methan

Erdgas besteht zum großen Teil aus Methan. Es ist farb-, geruchlos und brennbar. Es entsteht unter der Erde, wenn sich organische Stoffe zersetzen, kommt in Steinkohlelagern vor und wird bei Vulkanausbrüchen freigesetzt. Methan gilt als schädliches Treibhausgas und neben Kohlendioxid, Lachgas und Ozon als Auslöser der Klimaerwärmung.

Gefahreneinstufung:
Am Rand der Hölle leben –
kein schöner Gedanke!

Zur Hölle fahren

Das Höllenloch zieht nicht nur Forscher, sondern auch immer mehr Besucher aus aller Welt an. Normale Touristen wollen genauso ins Flammenmeer blicken wie Teufelsanhänger oder Menschen, die vermuten, dies sei der Ort, an dem der Weltuntergang seinen Anfang nimmt. Der Kraterrand ist nicht abgezäunt, jeder hat freien Zutritt. Wer sich todesmutig an die Feuersbrunst heranwagt, trägt zum Schutz besser eine Asbestschürze. So mancher soll sich bei diesem waghalsigen Abenteuer schon die Augenbrauen versengt haben.

Löschen unmöglich?

Zwar hat der Präsident von Turkmenistan im April 2010 angeordnet, das Loch zu schließen, aber wie das bewerkstelligt werden kann, darüber denken die Geologen angestrengt nach. Allein die Flammen zu löschen, ist ein riskantes Unterfangen. Sollte dies gelingen, könnte trotzdem weiter Gas ausströmen und Menschen in der Nähe ersticken. Es nützt auch nichts, das Loch mit Geröll oder Sand aufzufüllen, das Gas würde durch das Gestein entweichen. Die Gasquelle zu versiegeln, das Methan aber trotzdem aufzufangen und zu nutzen – an diesem Lösungsansatz muss noch gearbeitet werden.

Radikallösung

Einer anderen Gasfontäne in Usbekistan machten sowjetische Wissenschaftler im September 1966 mit einer Atombombe – als letztem Mittel – den Garaus. Die enorme Hitze und der ungeheure Lärm des brennenden Gases erschwerten es Feuerwehrmännern, an die Gasquelle zu gelangen. Deshalb wurde die Gaszufuhr in 1,5 km Tiefe durch eine Explosion von der anderthalbfachen Stärke der Hiroshima-Bombe unterbrochen.

Tschernobyl

Eine gewaltige Explosion zerriss am 26. April 1986 mitten in der Nacht das Dach eines Atommeilers in Tschernobyl nahe Kiew in der Ukraine. Bei dem GAU (Größter Anzunehmender Unfall) befanden sich 180 000 Tonnen hochradioaktives Material im Innern des Reaktors, was in etwa der Menge von 1000 Hiroshima-Bomben entspricht.

200 verschiedene radioaktive Substanzen wurden, für das menschliche Auge unsichtbar, in die Luft geschleudert und zogen in einer riesigen Wolke über ganz Europa. Sie verstrahlte Landschaften, kontaminierte Lebensmittel und führte in den folgenden Jahren zu Krebserkrankungen und genetischen Schäden bei Menschen, Tieren und Pflanzen.

Unheimlich leer

200 000 Menschen wurden, nach anfänglichem Zögern, aus der direkten Umgebung um das havarierte Kraftwerk evakuiert. Die beiden Städte, in denen viele der Betroffenen lebten und die in der Todeszone lagen, sind heute Geisterstädte. Die Strahlung dort ist immer noch 50 bis 100 mal höher als normal.

Liquidatoren

Nur wenige Tage nach dem Reaktorunglück setzte die sowjetische Führung 600 000 bis 800 000 Soldaten, Studenten und »Freiwillige« als sogenannte Liquidatoren ein. Sie dekontaminierten den Atommeiler, schalteten weitere Gefahrenquellen aus und versiegelten bis zum 15. November 1986 das Kraftwerk mit einer Betonhülle. Zehntausende der Männer starben an der Strahlenkrankheit oder an Krebs.

Gefahreneinstufung:
Der Tod kriegt dich dort –
früher oder später.

Marode Schutzhülle

Die Reste des 1986 explodierten Reaktors 4 wurden in einen Sarkophag aus Beton eingehüllt. Doch die Strahlung des darunter begrabenen radioaktiven Schrotts zersetzt diese Hülle: Die Gefahr, dass die gesamte Konstruktion einstürzt und eine neue radioaktive Wolke freigesetzt wird, ist groß. Deshalb soll die Kraftwerksruine mit einem neuen Betonmantel überzogen werden. In der Sperrzone arbeiten rund 4000 Menschen daran. Sie halten sich abwechselnd immer je zwei Wochen im Gefahrenbereich und außerhalb von ihm auf.

Unsichtbare Feinde

Radioaktive Strahlung ist ohne Messgeräte nicht sichtbar – das macht sie so tückisch. Doch setzt man Geigerzähler ein, weisen sie nach, wie hoch auch heute noch die Belastung ist. Besucher, die sich einen Tag in Tschernobyl aufhalten, sind wenig gefährdet. Aber Menschen, die im Süden von Weißrussland, rund um oder gar im Sperrbezirk Beeren oder Pilze im Wald sammeln oder selbst angebautes Gemüse aus ihrem Garten essen, nehmen dadurch radioaktive Stoffe auf. Viele davon haben eine lange Halbwertszeit, sie bleiben über Jahrzehnte oder Jahrhunderte gefährlich und können Knochen- oder Schilddrüsenkrebs verursachen.

Schlimme Folgen

72 Prozent der Radioaktivität gingen 1986 über dem südlichen Teil Weißrusslands nieder. Ein großer Teil der Äcker und Felder wurde dort verstrahlt, jeder fünfte Einwohner des Landes ist ein Tschernobyl-Opfer. Die radioaktive Wolke verbreitete sich aber viel weiter: Eine neue Studie hat errechnet, dass bis zum Jahr 2056 in ganz Europa 230 000 Menschen an den Folgen der Atomkatastrophe von Tschernobyl sterben könnten.

Fukushima

Am 11. März 2011 erschütterte ein Erdbeben der Stärke 9 den Osten Japans. Die Erschütterungen und die anschließende Flutwelle beschädigten das Atomkraftwerk Fukushima schwer. In drei von insgesamt sechs Reaktoren der Anlage kam es zur Kernschmelze. Bei dem Super-GAU wurden große Gebiete radioaktiv verseucht.

Die japanische Regierung richtete eine Evakuierungszone von 20 km rund um die Unglücksreaktoren ein, 80 000 Einwohner mussten ihre Häuser verlassen und durften nur das Nötigste mitnehmen. Inzwischen ist das Gebiet zur Sperrzone erklärt worden – wer es betritt, setzt sein Leben aufs Spiel.

Hohe Kontamination

Der Störfall in Fukushima wurde zwei Monate nach dem Unglück als »katastrophaler Unfall« (Stufe 7) eingeordnet. Damit ist er so schwerwiegend wie die Reaktorkatastrophe in Tschernobyl. Die Strahlenbelastung, die in Sievert gemessen wird, war in Fukushima und benachbarten Städten mit 20–50 Millisievert zum Teil gefährlich hoch. Die enorme Strahlung in den Reaktorgebäuden konnten nur ferngesteuerte Roboter messen.

Sievert

Die biologische Wirkung radioaktiver Strahlung auf Mensch, Tier oder Pflanze wird in Sievert (Sv) angegeben. In Deutschland wird von einer natürlichen Strahlenbelastung von 2,4 Millisievert (mSv) im Jahr ausgegangen, in Japan von 0,4 mSv. Eine zusätzliche Strahlendosis von 1 mSv im Jahr gilt als vertretbar.

Am Atomstrand

Nach der Atomkatastrophe beschlossen die Behörden, für Schulkinder in der Region Fukushima die Jahresbelastung mit bis zu 20 mSv als unbedenklich einzustufen. So verwundert es nicht, dass sich ein Jahr nach dem Reaktorunfall in der Nähe des havarierten Kernkraftwerks Menschen am Strand und im Meer tummelten – Geigerzähler immer in Griffweite.

Mittlerweile wurden viele Privathäuser und öffentliche Anlagen in der Sperrzone dekontaminiert. Viele Menschen sind in ihre Wohnungen zurückgekehrt. Andere haben ihrer Heimat für immer den Rücken gekehrt, die Angst vor der radioaktiven Strahlung ist einfach zu groß.

Verstrahltes Wasser

Damit die Kernschmelze gestoppt werden konnte, wurden Unmengen von Wasser zur Kühlung in die Reaktoren gepumpt. Ein großer Teil des danach kontaminierten Wassers wurde in Tanks gelagert, wieder aufbereitet und erneut genutzt. 11 500 Tonnen leiteten die Kraftwerkbetreiber jedoch in den Pazifik. Nun plant das Energieunternehmen die Versiegelung des Meeresbodens vor dem Atomkraftwerk Fukushima mit einer riesigen Betondecke – gegen die weitere Verseuchung.

Schmetterlingsmutanten

Bei Schmetterlingen aus der Gegend rund um Fukushima haben Forscher starke Missbildungen festgestellt: geschrumpfte Flügel, entstellte Augen, veränderte Farbmuster sowie fehlendes Mundwerkzeug. Die Nachkommen dieser Schmetterlinge, im Labor gezüchtet und im Freien gefangen, zeigten dieselben Anomalien in noch größerem Ausmaß. Die Wissenschaftler gehen deshalb von Erbgutschädigungen durch Verstrahlung aus.

Murmansk

Der ganze Stolz der sowjetischen Marine war die Nordmeerflotte. Seit den 1950er-Jahren gehörte die Hafenstadt Murmansk nördlich des Polarkreises zu ihren wichtigsten, weil eisfreien Stützpunkten. Von 1955 bis 1991 liefen ihn auch 240 nuklear betriebene U-Boote an. Nach dem Zerfall der UdSSR erbte Russland sie – und mit ihnen ein großes Problem. Ausgemusterte Atom-U-Boote umweltgerecht abzuwracken und ihre hochradioaktiven Antriebsreaktoren zu entsorgen, ist gefährlich und sehr teuer. Viele verrosten in und rund um Murmansk unter freiem Himmel. In ihnen lagert ein Großteil des Atommülls, den die sowjetische Marine in 40 Jahren angesammelt hat – eine tickende Zeitbombe.

Strahlende Müllberge

Bis Ende 1991 wurden abgebrannte Brennstäbe im Marinehafen Sewmorput von Murmansk gelagert. Die nächsten Wohnblocks lagen von den radioaktiven Abfallbergen nur 300 m entfernt. In der für Ausländer geschlossenen Stadt informiert eine Leuchttafel über die aktuellen Strahlungswerte – die meisten Einwohner trauen diesen Angaben nicht.

Atomantrieb

Atom-U-Boote beziehen die Energie für ihre Fahrten aus einem oder mehreren Kernreaktoren an Bord. Die Boote müssen also keine Zwischenstopps einlegen, um Treibstoff nachzufüllen, und auch ihre Tauchgänge fallen wesentlich länger aus als die mit konventionellen, meist dieselelektrischen Antrieben. Das weltweit erste nuklear betriebene Boot auf See war 1954 die USS Nautilus.

Tschernobyl zu Wasser

Es sind noch viele Atom-U-Boot-Wracks entlang der Sajda-Bucht bei Murmansk vertäut. Ihre Außenhaut ist zum Teil durchgerostet. Damit die Schiffe nicht untergehen, wird Luft in ihren Rumpf gepumpt. Trotzdem liegen einige bedenklich schief im Wasser. Sollte eins der Schiffe sinken und Wasser in Kontakt mit den Brennelementen des atomaren Antriebs kommen, könnte dies eine Kettenreaktion in Gang setzen. Ab 2014 sollen die Brennelemente in die Entsorgungsanlage Majak transportiert werden: Bis dahin dienen die U-Boote selbst und Betonsilos weiter als Zwischenlager.

Heimlich versenkt

Um den Atommüll möglichst billig loszuwerden, versenkte die Sowjetunion bis 1991 strahlenden Atommüll auch in der Barentssee und der Karasee. Zu einer großen Gefahr droht das 1981 heimlich versenkte U-Boot K-27 zu werden: In dem Reaktor könnte sich eine unkontrollierte Kettenreaktion ereignen, bei der das radioaktive Material in den Brennstäben vollständig freigesetzt wird. Der Reaktor des U-Boots enthält so viel Radioaktivität wie der gesamte Atommüll in der deutschen Endlagerstätte Asse. Das Staatliche Russische Institut für Strahlenschutz empfiehlt das Boot bis 2014 zu bergen, um eine Katastrophe zu verhindern.

Majak

In der Kerntechnischen Anlage Majak im Südural – 2500 km von Murmansk entfernt – werden seit 1987 abgebrannte Brennelemente aus Kernreaktoren wiederaufbereitet. Dort soll das nukleare Material aus den Atom-U-Booten entsorgt werden. In dem Betrieb kam es in der Vergangenheit immer wieder zu tödlichen Unfällen, bei denen Radioaktivität frei wurde und in die Umwelt entwich.

Moruroa

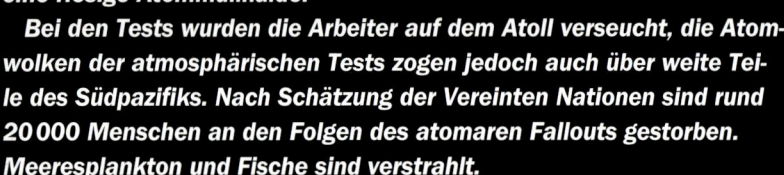

Von 1966 bis 1996 betrieb Frankreich auf dem Atoll Moruroa, Teil seiner Südseekolonie Französisch-Polynesien, ein Atomtestgelände. 193 Atombomben wurden dort gezündet, 46 oberirdisch und 147 unterirdisch. Erst nach vielen weltweiten Protesten wurden die Nukleartests eingestellt. Moruroa ist bis heute Sperrgebiet und eine riesige Atommüllhalde.

Bei den Tests wurden die Arbeiter auf dem Atoll verseucht, die Atomwolken der atmosphärischen Tests zogen jedoch auch über weite Teile des Südpazifiks. Nach Schätzung der Vereinten Nationen sind rund 20 000 Menschen an den Folgen des atomaren Fallouts gestorben. Meeresplankton und Fische sind verstrahlt.

»Rainbow Warrior«

1985 protestierten Greenpeace-Aktivisten gegen die französischen Atomtests auf Moruroa. Ihr Schiff »Rainbow Warrior«, mit dem die Demonstranten das Atoll anlaufen wollten, lag im Hafen von Auckland in Neuseeland vor Anker. Dort wurde es von zwei Bomben versenkt – die, wie sich später herausstellte, der französische Geheimdienst am Schiffsrumpf hatte anbringen lassen.

Gefährliche Wolken

Da Moruroa nicht bewohnt war, wurde die Koralleninsel für die französischen Atomtests ausgesucht. Die erste oberirdische Atombombe zündete Frankreich dort 1966. Diese und weitere Sprengladungen wurden aus Fesselballons abgeworfen oder auf Booten gezündet. Die atomaren Wolken verteilten sich jedoch über einen Umkreis bis zu 1500 km und erreichten bewohnte Inseln.

Wie Schweizer Käse

Für die unterirdischen Tests ließ
Frankreich 600–1000 m tiefe
Schächte in den Sockel des Atolls
bohren. Dort wurde die Bombe
versenkt, der Schacht zubetoniert
und der Sprengkopf gezündet.
Bei der Explosion entstand eine
Hohlkammer, in der sich Spreng-
material und das Basaltgestein
des Atolls vermengten. Dieses
nuklear verseuchte Gemisch wurde verschlossen – allerdings ist
der Basaltsockel der Koralleninsel
äußerst löchrig. Durch tiefe Risse
gelangt das verseuchte Material
in den Pazifik – die von Green-
peace ermittelten Strahlenwerte
im Meer sind 2500-mal höher
als normal.

Arglose Arbeiter

Viele Menschen, die für das
atomare Versuchszentrum auf
Moruroa arbeiteten, kamen direkt
mit Radioaktivität in Berührung.
Einige wurden zum Beispiel nach
den Atombombenexplosionen in
die Bohrschächte geschickt, um
dort Proben zu entnehmen. Über
die Gefahren wurden sie nicht
wirklich aufgeklärt. Die Arbeiter
trugen selten Schutzkleidung,
entweder weil gerade keine vor-
handen war oder weil ihnen darin
beim Abstieg in den Untergrund
zu heiß wurde. Seit 2001 fordern
an Krebs erkrankte und verstrahlte Mitarbeiter des Testgeländes
Entschädigung von Frankreich –
bisher ohne Erfolg.

Letzte Testserie

Obwohl die französische
Regierung seit den 1980er-
Jahren von Rissen im Atoll
wusste, wurden nach einem
dreijährigen Stopp 1995 die
Kernwaffentests auf Moru-
roa wieder aufgenommen.
Das führte zu schweren
Unruhen auf Tahiti, die erst
von eingeflogenen fran-
zösischen Polizeikräften
und einer Ausgangssperre
beendet werden konnten.
Nach weltweiten Protesten
werden die französischen
Atomtests seit 1996 am
Computer simuliert.

Asse, Wolfenbüttel

126 000 Fässer mit schwach- und mittelradioaktivem Atommüll lagern im ehemaligen Salzbergwerk Asse bei Wolfenbüttel. Die Schachtanlage war ab 1967 das erste unterirdische atomare Endlager der Welt. Dort sollten versuchsweise Abfälle aus Kernkraftwerken »wartungsfrei und nicht rückholbar« für alle Zeiten aufbewahrt werden.

Der über 40 Jahre dauernde Versuch schlug jedoch fehl: Der angeblich standsichere und trockene Salzstock ist einsturzgefährdet und seit 20 Jahren dringt dort Salzlauge ein. Die Radioaktivität in den verschlossenen Lagerkammern stieg an. Die Behörden überlegten zunächst, den Atommüll entweder zu fluten oder einzubetonieren – nun wird er geborgen.

Große Schlamperei

Im Frühsommer 2008 wurden die katastrophalen Zustände im »Versuchsendlager für radioaktive Abfälle« öffentlich bekannt. Durch unentwegte Laugenzuflüsse verrosteten die chaotisch eingelagerten Fässer. Es hatten sich radioaktiv kontaminierte Sümpfe gebildet, in denen die Grenzwerte erheblich überschritten wurden.

Fassschäden

Bis 2009 betrieb das heutige Helmholtz Zentrum München (HMGU) das Endlager Asse. Einige seiner Mitarbeiter berichteten, dass im Endlager anfangs auch flüssiger radioaktiver Abfall in beschädigten oder geplatzten Fässern antransportiert wurde. Auf dem Weg zu den Schächten kam es vor, dass Fässer demoliert wurden und kontaminierte Flüssigkeit austrat.

Größtenteils unbekannt

Ab Anfang 2012 sollte eine Probebohrung zeigen, in welchem Zustand sich die Endlagerkammer 7 in Asse befindet. Welche Abfälle genau in den Fässern lagern und in welchem Zustand diese Fässer heute sind, ist nicht wirklich bekannt. Nachdem ein verklebter Bohrkopf die Arbeiten immer wieder stoppte, trat Mitte Oktober 2012 ein neues Problem auf: Der Hohlraum wurde in der vermuteten Tiefe nicht gefunden. Experten befürchten, er könne eingestürzt und die eingelagerten Fässer dabei zerquetscht worden sein.

Salzstock-Deponie

Die vielen Salzstöcke in Deutschland werden immer wieder als ideale Endlager für Atommüll gehandelt. Ihr Vorteil: Hohlräume im Salz schieben sich zusammen und schließen den radioaktiven Abfall nach und nach ein. Da Salz hitzebeständig ist, könnte Müll aus Kernkraftwerken dort gefahrlos abkühlen. Ihr Nachteil: Dringt Wasser ein, frisst sich eine radioaktive Brühe durchs Gestein und kann ins Grundwasser oder an die Erdoberfläche gelangen.

Anstieg der Krebsrate

Im Umkreis des maroden Atommülllagers Asse konnte 2010 eine erhöhte Zahl von Leukämiefällen festgestellt werden. Schilddrüsenkrebs bei Frauen kam dort dreimal häufiger vor als üblich. Messungen über und unter Tag des Bundesamts für Strahlenschutz (DfS), das seit 2009 Betreiber der Anlage Asse ist, ergaben, dass keine Gefahr von Asse ausgeht – weder für die Beschäftigten noch für die Bevölkerung. Die Probebohrungen 2012 und die Entscheidung der verantwortlichen Politiker den gesamten Atommüll aus dem Salzstock zurückzuholen, sprechen jedoch eine andere Sprache.

Seveso

Einer der schlimmsten Chemieunfälle ereignete sich am 10. Juli 1976 in einer norditalienischen Fabrik in der Nähe von Mailand. Gegen Mittag explodierte ein überhitzter Kessel und setzte unbekannte Mengen von hochgiftigem Dioxin frei. In kurzer Zeit wurden 1800 ha Land verseucht, darunter die Gemeinde Seveso, nach der das Unglück benannt wurde.

In dem vergifteten Gebiet verwelkten zunächst Bäume und Pflanzen, Tausende Tiere starben, Kinder und Erwachsene zeigten schlimme Hautausschläge. Die Regierung ließ die betroffenen Orte zwangsräumen und mühsam »entgiften«. Noch heute, über 35 Jahre später, wirkt die Umweltkatastrophe in Seveso nach.

Verzögerungstaktik

Schon am Tag nach dem Unfall wusste die Betriebsleitung, dass das Supergift Dioxin aus ihrer Fabrik ausgetreten war. Trotzdem wurden die Menschen in der betroffenen Region erst acht Tage später darüber informiert. Bodenproben ergaben erschreckende Werte: Alle Bewohner wurden evakuiert.

Dioxin

Dioxin – eines der stärksten Gifte überhaupt – ist ein Nebenprodukt von Trichlorphenol (TCP). Aus TCP stellen Chemiker die Vorstufe für einen Stoff her, der in Desinfektionsmitteln oder in Wasch- und Reinigungsmitteln zum Einsatz kommt. Als erstes Anzeichen einer Dioxinvergiftung gilt Chlorakne: Im Gesicht zeigen sich Eiterpustel. Dioxin wird auch für Missbildungen bei Babys verantwortlich gemacht.

Wohin mit dem Giftmüll?

In der am stärksten vergifteten
Zone wurde der Boden 40 cm tief
abgetragen. Er kam in eine Depo-
nie vor Ort, die mit Kunststofffolie
ausgekleidet wurde. In dieser
Grube landeten neben der Erde
auch Abbruchreste von verseuchten Häusern, kontaminierte Möbel
und andere Habseligkeiten. Das
Gift aus dem explodierten Kessel
selbst wurde in Fässer gefüllt und
1982 per LKW nach Frankreich
gebracht. Dort verlor sich ihre
Spur. Erst ein Jahr später tauchte
der Giftmüll in einem früheren
Schlachthof auf und wurde angeblich 1985 in Basel verbrannt.

Langzeitfolgen

Bei einigen Seveso-Opfern wie-
sen Ärzte Dioxin im Blut nach,
und zwar die
höchste jemals
gemessene
Menge im
Menschen.
Einige Betrof-
fene trugen
Leberschäden
davon, bei an-
deren war das
Immunsystem
kurzzeitig in
Mitleiden-
schaft gezo-
gen. Von der
Chlorakne
erholten sich
die meisten Einwohner der Stadt
sehr schnell, einige wenige litten
zehn Jahre darunter. Das Unglück
hat sich in die Seele vieler Menschen von Seveso festgesetzt, die
ihre Häuser und Haustiere verloren und bis heute Angst um ihre
Kinder und Enkelkinder haben.

Seveso ist überall!

Unfälle mit gefährlichen Stoffen wie in Seveso können sich überall
ereignen. Nach dem Seveso-Unglück sorgten massenhafte Proteste
dafür, verbindliche Vorschriften für Industriebetriebe zu erlassen.
Die Seveso-II-Richtlinie listet gefährliche Stoffe auf und schreibt
zum Beispiel sofortige Meldung eines Unglücks und Notfallpläne
vor, regelmäßige Kontrollen von Betrieben und ein Sicherheitsabstand der Fabriken zu Wohn- und Naturschutzgebieten.

Kampanien

In Kampanien, vor allem um die Städte Neapel und Caserta herum, wurde und wird von Kriminellen Sondermüll aus ganz Europa ohne Erlaubnis einfach in der Erde verscharrt. Mit entsetzlichen Folgen für die dort lebenden Menschen und Tiere. Die Gegend, die früher »Gemüsegarten Italiens« hieß, bekam von den Einheimischen einen neuen Namen: »Todesdreieck«.

Über illegale Müllhalden sickern Dioxin und giftige Schwermetalle in den Boden. Menschen und Tiere nehmen sie mit der Nahrung auf. Nirgendwo sonst in Italien erkranken mehr Menschen an Krebs als in dieser Region. Neuerdings wird der Müll auch verbrannt, die Umweltkatastrophe damit noch verschärft.

Ökomafia

Für mafiöse Familienclans wie die Camorra ist die illegale Müllentsorgung ein gigantisches Geschäft. Viele europäische Unternehmen lassen es sich etwas kosten, ihren belasteten Müll unter der Hand loszuwerden. Mithilfe von falschen Bescheinigungen und bestochenen Beamten wird er in Italien zu normalem Abfall erklärt und dort entsorgt.

Camorra

Der Handel mit Drogen und Waffen, illegale Müllentsorgung, Geldwäsche und Schutzgelderpressung sind das Hauptgeschäft der Camorra. So heißen verbrecherische Familienclans, die vor allem in Neapel und der Region Kampanien aktiv sind. Im Moment sollen 111 Familien mit 6700 Mitgliedern der Camorra angehören.

Heimliches Zündeln

14000 m hoch wäre der Berg aus Müll, den die Camorra bisher hat verschwinden lassen. Er wurde zum Teil heimlich in der Nacht unter Felder gepflügt, aber auch auf ausgedienten Schiffen eingelagert und dann im Meer versenkt. Seit die Behörden wachsamer geworden sind und die Bürger protestieren, wird der Müll nun in kleineren Mengen auf Laster verteilt, in entlegene Gebiete im Hinterland von Neapel gekarrt und dort angezündet. Die Schadstoffe belasten dadurch auch die Luft und werden mit dem Wind großflächig verteilt.

Schleichender Tod

Das »dreckige Geschäft« der Camorra fordert immer mehr Tote: Die Menschen in der Region leben im Schnitt etwa zwei Jahre kürzer als anderswo in Italien. Die Krebsrate ist ebenfalls ungewöhnlich gestiegen. Die meisten Menschen erkranken an Leberkrebs, was auf schädliche Umwelteinflüsse hinweist. Frauen bekommen wesentlich häufiger als in anderen Teilen des Landes Brustkrebs. Ärzte konnten auch eine hohe Anzahl von Lungen- und Atemwegserkrankungen feststellen sowie angeborene Fehlbildungen bei Säuglingen. Sie haben vermutlich Dioxin und Schwermetalle über die Muttermilch aufgenommen, in deren Fett sich die Schadstoffe absetzen.

Gift auf unseren Tellern

Büffel-Mozzarella gilt als eine Käse-Delikatesse. 2008 fanden italienische Ermittler hochgiftiges Dioxin in der Milch von mehr als 1000 Büffeln aus Kampanien, die zur Herstellung des Mozzarellas verwendet wird. Die Tiere haben entweder verseuchtes Gras in Nähe illegaler Mülldeponien gefressen, oder das Gift ist beim Abfackeln von Müllbergen über Luft und Regen auf die Weiden gelangt.

Drei-Schluchten-Staudamm

Es ist das größte Wasserkraftwerk der Welt: der Drei-Schluchten-Staudamm am Jangtsekiang in China, der 2008 nach 16 Jahren Bauzeit fertiggestellt wurde. Mit 185 m Höhe und 2309 m Länge ist die Staumauer gigantisch. Der Stausee ist rund 600 km lang, das entspricht in etwa der Luftlinienentfernung zwischen München und Hamburg.

Schon während des Baus wurden Bedenken laut: Kann die Staumauer einem Erdbeben und dem großen Druck von Hochwassern standhalten? Welche Auswirkungen haben Erdrutsche auf das Fundament des Mammutbauwerks? Gibt es schädliche Folgen für die Umwelt? Einige der Fragen werden sich erst unter womöglich katastrophalen Umständen klären.

Saubere Energie

Laufkraftwerke an Flüssen oder Speicherkraftwerke an Stauseen dienen der Stromgewinnung durch Wasserkraft. Sie gilt als saubere Energie, da sie keine Rohstoffe vernichtet und kein CO_2 erzeugt wird. Die Bewegungsenergie des fließenden oder fallenden Wassers wird mithilfe von Turbinen in mechanische Energie umgewandelt und auf Stromgeneratoren übertragen.

Gefahr Megaflut

Verheerende Erdrutsche und Überschwemmungen sind in China nichts Ungewöhnliches. Als 2010 wegen Dauerregen 25 Flüsse über die Ufer traten, blickte das ganze Land gebannt auf den Drei-Schluchten-Staudamm: Der Pegel hinter der Staumauer, deren Obergrenze bei 175 m liegt, stieg auf 160 m. Kritisch wurde auch der Wasserdruck, da die Fluten mit 70 000 m³ in der Sekunde auf die Staumauer drückten, die theoretisch Fluten mit 84 000 m³ Wasser in der Sekunde aushalten kann. Zum Glück hörte der Regen auf, größeres Unheil blieb aus.

Gewaltiger Eingriff

Mussten anfangs rund eine Million Menschen für das Bauprojekt ihre Häuser und Dörfer verlassen, so waren es am Ende insgesamt fünf Millionen Menschen, die zwangsumgesiedelt wurden. In dem gefluteten Tal versanken nach Angaben der chinesischen Behörden 13 Städte, 1500 Dörfer, 497 Hafendocks und 4000 Krankenhäuser.

Gigantisches Giftbecken

Immer dann, wenn Wasser aus dem Stausee abgelassen wird, um ihn für nahendes Hochwasser aufnahmebereit zu machen, tritt ein anderes Problem zutage: Giftstoffe in den tieferen Schichten des Sees. Hinzu kommt giftiges Methan, das beständig aus dem See emporsteigt. Bei der Flutung des Tals wurden viele Pflanzen und Bäume überschwemmt.

Sie verrotten im Stausee und erzeugen das klimaschädliche Gas. Eine weitere Gefahr ist die Verstopfung der Schleusentore und Blockierung des Staudamms durch Müll. 150 Millionen Menschen wohnen stromaufwärts der Talsperre und entsorgen ihren Abfall in den Fluss, da es keine Mülldeponien gibt.

Erdbebensicher?

2008 erschütterte ein Erdbeben der Stärke 7,9 den Südwesten Chinas. Danach zeigten sich in der Staumauer einer gerade neu errichteten Talsperre tiefe Risse. Die Ausläufer des Bebens waren am 1000 km weit entfernten Drei-Schluchten-Staudamm noch mit Stärke 4 spürbar. Er soll Beben bis Stärke 7 aushalten können – wenn bei seinem Bau nicht auf Kosten der Sicherheit an Material gespart wurde.

Lukla

Der Tenzing-Hillary-Airport in Lukla, Nepal, ist der höchstgelegene und gefährlichste Flugplatz der Welt. Er befindet sich auf 2860 m Höhe und wird ausschließlich von Kleinflugzeugen angesteuert. Die Landebahn ist nur 500 m lang und liegt genau zwischen einem Abgrund auf der einen und einer steilen Felswand mit Steinmauer auf der anderen Seite.

Tausende Bergwanderer landen jährlich in Lukla, dem Ausgangspunkt für Trekking-Touren auf den Mount Everest, nicht jeder kann seine Wanderung antreten. Bei bisher acht Flugzeugcrashs kamen etliche Menschen um. Nicht nur die gefährliche Piste auch schlechte Wetterbedingungen und Pilotenfehler waren Auslöser der Abstürze.

Flieger statt Schafe

Unter Aufsicht von Edmund Hillary legten einheimische Sherpas 1964 auf einer Schafweide auf dem Gebirgsplateau von Lukla den Flugplatz an. Die Schotterpiste wurde erst 2001 asphaltiert. Nach Hillarys Tod 2008 wurde der Flughafen Tenzing-Hillary-Airport getauft, zu Ehren der beiden Erstbezwinger des Mount Everest.

Gegen die Wand

Die Flugpiste ist ein wenig abschüssig, sie hat ein Gefälle von 12 Prozent. Gelandet wird leicht bergauf Richtung Felswand, um den Bremsweg zu verkürzen, gestartet bergab Richtung Abgrund, für mehr Beschleunigung. Im Oktober 2010 raste ein Flieger wegen Bremsproblemen in die Mauer am Ende der Landebahn. Dabei wurde zum Glück nur die Nase des Flugzeugs zerknautscht

Altiport

Der Tenzing-Hillary-Airport in Lukla ist ein Gebirgsflughafen oder Altiport. Nur Piloten mit einer besonderen Ausbildung und einiger Erfahrung dürfen ihn anfliegen. Jeder Start und jede Landung muss klappen, da ein Durchstarten, wegen kurzer Runways oder extrem steiler Hanglagen oder Felswände, nicht möglich ist.

Gefahreneinstufung:
Eine kurze Strecke entscheidet
über Leben und Tod.

Pilotenfehler

Nahezu im Minutentakt fliegen die Piloten Lukla während der Trekking-Hauptsaison an. Jeder einzelne muss dabei für sich selbst im Bruchteil einer Sekunde entscheiden, ob er sicher landen kann oder nicht. Der Druck auf die Piloten erhöht sich, wenn ein Abbruch der Landung bedeutet, dass die Fluglinie viel Geld verliert. Das kann zu tödlichen Fehlern verleiten.

und niemand verletzt. Weniger Glück hatten 18 Passagiere, deren Maschine beim Anflug gegen den Hang stieß und in Flammen aufging: Die Sicht hatte sich aufgrund eines Wetterumschwungs dramatisch verschlechtert.

Trübe Aussichten

In Lukla kann in sehr kurzer Zeit dichter Nebel aufziehen und den Flughafen tagelang komplett einhüllen. In der Hochsaison sitzen dann Tausende Touristen fest, die nicht ausfliegen können. 2011 wurde der Flugbetrieb für eine ganze Woche eingestellt, eine Sicherheitsmaßnahme der

nepalesischen Luftbehörde nach dem Flugzeugunglück von 2008. Den Rückstau am Flughafen, die schwindenden Lebensmittelvorräte und hohen Hotelpreise wollten 400 der insgesamt 2500 Bergwanderer allerdings nicht hinnehmen: Sie machten sich zu Fuß in den vier Tage entfernt gelegenen Ort Jiri auf, um von dort aus per Bus nach Kathmandu zu gelangen.

Yungas-Straße

Die Yungas-Straße in Bolivien verbindet den Regierungssitz des Landes, La Paz, mit dem rund 60 km entfernten Städtchen Coroico. Die Verbindung entstand in den 1930er-Jahren und galt bis 2006 als eine der gefährlichsten Straßen der Welt. Auf der einspurigen schmalen Schotterpiste – ohne Leitplanken, aber mit zahlreichen Haarnadelkurven – kam es immer wieder zu tödlichen Unfällen.

Mit der Fertigstellung einer moderneren, jedoch etwas längeren Umgehungsstraße konnten die Unfallzahlen gesenkt werden – jedenfalls unter Auto- und LKW-Fahrern. Dafür lassen jetzt zunehmend wagemutige Mountainbiker aus aller Welt beim Downhill auf der berüchtigten Straße ihr Leben.

El Camino De La Muerte

Über die »Todesstraße« wurde La Paz mit frischen Waren aus den Yungas, zwei fruchtbaren Tälern, versorgt. Deshalb waren auf der gefährlichen Piste größtenteils viele schwere Transportfahrzeuge unterwegs. Laut Statistik starben dort jährlich 100 Menschen, die meisten stürzten in die tiefen Schluchten entlang der Straße.

Linksverkehr

Nach einem schweren Unfall mit 100 Toten führte die bolivianische Regierung 1983 auf der Yungas-Straße – und nur dort – Linksverkehr ein. Auf diese Weise konnten LKW-Fahrer aus dem Fahrzeug heraus besser einschätzen, wie nah sie sich bereits in Abgrundnähe befanden, was bei Rechtsverkehr aus der Führerkabine heraus wesentlich schwieriger war.

dass viele PKW und LKW alt, ihre Bremsen und Reifen abgefahren waren – eine Nachlässigkeit, die auf dieser Strecke oft mit dem Leben bezahlt werden musste.

Tödliche Schussfahrt

Vom 4640 m hohen La Cumbre-Pass rasen inzwischen Mountainbike-Fahrer auf der Yungas-Straße in drei bis vier Stunden in tiefer gelegene Regionen. Auch dabei kam es zu schweren und tödlichen Stürzen. Ein Fahrer verlor im Nebel die Orientierung und fuhr statt um die Kurve in den Abgrund. Eine Mountainbikerin verlor beim Anhalten das Gleichgewicht, weil sie ein Loch übersah, auch sie starb an den Folgen des Sturzes. 2008 kamen bei einem Unfall neun Menschen um, als ein voll besetzter Jeep zunächst in eine Radler-Gruppe fuhr und anschließend 100 m tief abstürzte.

Ferne Hilfe

Bei Unfällen auf der Yungas-Straße können nur Ersthelfer zu Rettern werden. Sanitäter, Kranken- und Rettungsdienste sind in La Paz stationiert und können nicht schnell genug vor Ort sein. Hubschrauber werden nicht eingesetzt – wo sollten sie landen? Viele Fahrer versuchten das Schicksal auf ihre Art gnädig zu stimmen: Vor Fahrtantritt gossen sie Bier auf die Erde, als Opfergabe für Pachamama, die Erdmutter.

Schlingerkurs

Bereits bei trockenem Wetter war der Zustand der an vielen Stellen förmlich aus dem Fels gehauenen Yungas-Straße schlecht. Bei Regen und im Winter verschlimmerten Bodenerosionen, Erdrutsche, Schnee und Eis die Lage noch um ein Vielfaches. So manches Fahrzeug schlitterte wegen Glätte in den Abgrund oder wurde hinuntergerissen, als der Boden einfach wegsackte. Hinzu kam,

Die Erde

Jetzt kennst du die gefährlichsten Orte der Welt. Aber halt, was ist eigentlich mit der Erde insgesamt? Immerhin rast unser Heimatplanet mit rasanten 30 km in der Sekunde um die Sonne. Die Erde ist ein kleiner Flecken in der Milchstraße und nur ein winziges Staubkörnchen im wahrscheinlich unendlichen Universum.

Im All wirken Kräfte, auf die wir Menschen keinen Einfluss haben. Auch kosmischen Bedrohungen sind wir hilflos ausgeliefert. Zwar werden einige davon inzwischen eingehend wissenschaftlich erforscht, aber wie gefährlich sie für das Leben auf der Erde sind, lässt sich nur grob einschätzen – verhindern können wir sie nicht.

Sonneneruption

Bei einem »koronalen Masseauswurf«, wie Wissenschaftler eine Sonneneruption auch nennen, rasen elektrisch geladene Plasmateilchen durchs All auf die Erde zu. Sie lösen magnetische Stürme aus, die im schlimmsten Fall die Stromnetze weltweit lahmlegen und auch Satelliten außer Gefecht setzen können. Das moderne Leben könnte dadurch tage- oder gar wochenlang zum Erliegen kommen – mit chaotischen Folgen.

Polarlichter

Eine harmlose Begleiterscheinung der Sonneneruption sind Polarlichter. Sie entstehen, wenn der geladene Teilchenstrom von der Sonne in die Erdatmosphäre eindringt, was an Nord- und Südpol besonders einfach ist. In den ganz unterschiedlich farbigen Leuchterscheinungen sahen Urvölker früher den Tanz von Gottheiten – oder Vorboten von Unheil.

Asteroideneinschlag

Am 13. April 2029 wird es eng für die Erde: An diesem Tag nähert sich ihr ein Asteroid mit ungefähr 300 m Durchmesser bis auf voraussichtlich 30 000 km. Die Astronomen, die ihn entdeckten, tauften ihn Apophis, nach dem altägyptischen Gott der Finsternis und des Chaos. Zerfällt er in der Erdatmosphäre nicht in viele kleinere Teile, könnte er mit 50 000 km in der Sekunde die Erde treffen und mit einer Sprengkraft von 400 bis 800 Megatonnen TNT seinem Namen alle Ehre machen.

Polsprung

Die Erde besitzt nicht nur geografisch, sondern auch magnetisch je einen Nord- und Südpol. Die geografischen Pole sind nahezu ortstreu, die magnetischen Pole der Erde hingegen wandern, was sich auf das Erdmagnetfeld auswirkt: Messungen der letzten 170 Jahre zeigen, dass es schwächer geworden ist. Forscher sehen dies als Anzeichen für einen bevorstehenden Polsprung oder eine Polumkehrung. Dabei wird der Nord- zum Südpol und umgekehrt. Ob dies für die Erde und die Menschen gefährlich ist, darüber streiten die Wissenschaftler noch: Manche erwarten eine höhere UV-Strahlung und damit mehr Krebserkrankungen sowie Gen-Mutationen. Andere glauben, durch die Veränderung in der Atmosphäre könne eine neue Eiszeit eingeläutet werden.

Tunguska

In der Vergangenheit wurde die Erde des Öfteren von Asteroiden getroffen, das letzte Mal vermutlich am 30. Juni 1908. An diesem Tag explodierte ein Asteroid in acht Kilometern Höhe über Tunguska in Sibirien. Bei der Explosion mit der Sprengkraft von 700–1000 Hiroshima-Bomben wurden nach Schätzung von Experten 60 Millionen Bäume auf einer Fläche von 2000 km² umgeknickt.

Bildnachweis

© 2013 arsEdition GmbH,
München
Alle Rechte vorbehalten
Text: Petra Bachmann
ISBN 978-3-7607-9883-7

www.arsedition.de

FSC
www.fsc.org
MIX
Papier aus verantwortungsvollen Quellen
FSC® C020056